Ha, Hollands ?
Nee, Nederlands !

DEEL 1

JACK BLOKKER
ULLA BLOKKER
ANGELIKA VD KOOI
JAN LINDEMAN
ROY DE MEIJ
MARGRIT MEINERS
RUUD WITTE

TEKENINGEN: BEP DEKKER-KEESOM

VERTRIEB:

MEWI-VERLAG
Herausgeber Lehrbücher Niederländisch

AM WOHNPARK 13
27404 ZEVEN-WISTEDT
TELEFON: 04281/97126
TELEFAX: 04281/97131

8. korrigierte Auflage, 1. Druck, Dezember 1997

ISBN: 3-928405-00-4

Vorwort

Von unserer Projektgruppe Didaktik im Fachbereich Niederlandistik der Universität Oldenburg wurde dieses Niederländisch - Lehrbuch für Anfänger speziell für die Erwachsenenbildung entwickelt.

Ziel des Lehrbuches ist es, den Kursteilnehmern ein möglichst zügiges und interessantes Erlernen der niederländischen Sprache zu ermöglichen.

Vorrangig ist der Aufbau kommunikativer Fähigkeiten; am Ende des 1. Semesters sollen die Kursteilnehmer über Sprech - und Verständnisfertigkeiten verfügen, die es ihnen ermöglichen, sich in Alltagssituationen in niederländischer Sprache zu verständigen.

Darum enthält das Lehrbuch viele Dialoge und Übungen, die zu einem aktiven Sprachgebrauch anregen sollen.

Außerdem liefern die Texte Informationen, die dem Besucher der Niederlande von praktischem Nutzen sein können. Die Grammatikteile wurden so verständlich und einfach wie möglich gehalten.

In unserer achten Auflage haben wir alle Texte und Übungen genau überprüft. Das Buch existiert jetzt 10 Jahre, Materialien sind veraltet, Grenzen haben sich geändert und einige unserer Ideen auch. Wir hoffen, daß durch die Änderungen das Buch noch besser den neuen Anforderungen genügt.

Texte, die auf der Kassette stehen, sind mit einem - Zeichen versehen.

Zeven, im November 1997

Die Autorengruppe

INHOUD BLZ.

LES 1. DAG ALLEMAAL!

1. BEGROETING (BEGRÜßUNG)

2. *GOEDENAVOND, MEVROUW / MENEER*

A. Goedenavond, mevrouw / meneer.
Ik ben ...
Wie bent u?

B. Goedenavond, mevrouw / meneer.
Mijn naam is ...
Goedenavond, mevrouw / meneer.
Ik ben ....
Wie bent u?

C. A: Goedenavond, meneer ...
Hoe gaat het met u?

B: Goedenavond, mevrouw ...
Dank u. Met mij gaat het goed.
Hoe gaat het met u?

A: Dank u. Met mij gaat het ook goed.

D. Jan: Hallo Tineke.
Hoe gaat het met je?

Tineke: Dank je. Met mij gaat het goed.
Hoe gaat het met jou?

3. *DIT IS ....DAT IS*

Dit is Tineke Blek.
Zij is de dochter van meneer Blek.

Dat is meneer Blek.
Hij is de vader van Tineke.

Dit is mevrouw Dekker.
Zij is de moeder van Jan.

Dat is Jan Dekker.
Hij is de zoon van mevrouw Dekker.

4. VUL IN (ERGÄNZE)!

1. Meneer Blek is de ___________ van Tineke.
2. Dat ___________Tineke.
3. ___________ is de dochter van meneer Blek.
4. ___________ is Jan.
5. ___________ is de zoon van mevrouw Dekker.
6. Mevrouw Dekker is de ___________ van Jan.
7. Jan is de ___________ van mevrouw Dekker.
8. Goedemorgen, meneer Blek! Ik ___________ mevrouw Dekker.
9. ___________ is Tineke.
10. Zij is de ___________ van meneer Blek.
11. ___________, mevrouw Dekker! ___________ gaat het met u?
12. Dank ___________, meneer Blek! Met mij gaat het goed.

5. WIJ GOOIEN MET DOBBELSTENEN (WIR WÜRFELN)

Ieder neemt een dobbelsteen

(Jeder nimmt einen Würfel)

6. *WIJ TELLEN (WIR ZÄHLEN)*

zeven 7 *acht* 8 *negen* 9

tien 10 *elf* 11 *twaalf* 12

7. *WIJ GOOIEN VERDER (WIR WÜRFELN WEITER)!*

Iedere groep neemt twee dobbelstenen.

Iedereen gooit een keer en telt!

Voorbeelden (Beispiele)

3 + 4 = 7
drie plus vier is zeven

6 + 6 = 12
zes plus zes is twaalf

8. *TERUGTELLEN (ZURÜCKZÄHLEN)*

Jeder hat 12 Punkte. Jeder wirft einmal und zieht diese Punktzahl von 12 ab.

Ziel ist es, möglichst wenig Punkte zu haben.

Also:
12 - 10 = 2
twaalf min tien is twee

12 - 12 = 0
twaalf min twaalf is nul

9. *MAAK ZINNEN (BILDE SÄTZE)*

hoe naam goed
meneer mij
u met Blek
het is.... het gaat
mijn goedenavond
u gaat met

1. -------------
2. -------------
3. -------------
4. -------------
5. -------------

10. *HOEVEEL (WIEVIEL)?*

<u>Voorbeeld</u>:

 drie

 ------

 ------

 ------

 ------

 ------

 ------

 ------

 ------

 ------

11. AFSCHEID (ABSCHIED)

LES 2. NAAR DE BANK

1. *DE BANK*

Jan Dekker:	Heb jij nog geld?
Mevrouw Dekker:	Ik heb geen guldens meer, maar wel honderd mark.
Jan Dekker:	Dan zoeken wij nu een bank.
Mevrouw Dekker:	Ja, daar kunnen we het geld dan wisselen.
Jan Dekker:	Dag, meneer. Waar is een bank?
Meneer:	Daar heeft u een bank, meneer!
Mevrouw Dekker:	Dank u wel, meneer!

2. *WIJ TELLEN VERDER (WIR ZÄHLEN WEITER)!*

dertien	twintig
veertien	eenentwintig
vijftien	tweeëntwintig
zestien	drieëntwintig
zeventien	vierentwintig
achttien	vijfentwintig
negentien	

3. *LEES VOOR:*

Mevrouw Dekker heeft nog honderd mark.
Mevrouw Dekker en zoon Jan zoeken een bank.
Daar kunnen ze het geld wisselen.
Jan vraagt een meneer, waar een bank is.
Daar is een bank.
Zij zijn in de bank en wisselen het geld.
Nu hebben zij Nederlands geld.

4. *BEANTWOORD DE VRAGEN*

1. Wat heeft mevrouw Dekker?
2. Wat zoeken mevrouw Dekker en Jan?
3. Wat vraagt Jan?
4. Wat doen zij in de bank?
5. Wat hebben ze nu?

5. *NEDERLANDSE BANKBILJETTEN*

Dit is een bankbiljet van tien gulden. De Nederlanders zeggen ook:
een briefje van tien of een tientje.

Het tientje is *blauw*.
Een briefje van vijfentwintig is *rood*.

Een briefje van vijftig is *geel*.
Een briefje van honderd is *bruin*.
Een briefje van tweehonderd vijftig is *paars*.
Een briefje van duizend is *groen*.

6. *NEDERLANDSE MUNTEN*

stuiver

dubbeltje

kwartje

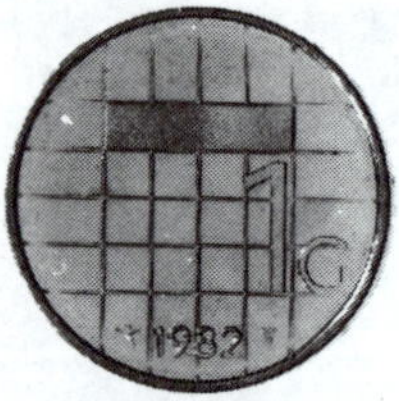

gulden

rijksdaalder

vijfje

7. *HEBBEN (HABEN)* *ZIJN (SEIN)*

ik	heb	ich	habe	ik	ben	ich	bin
	heb jij?		hast du?		ben jij?		bist du?
jij	hebt	du	hast	jij	bent	du	bist
hij	heeft	er	hat	hij	is	er	ist
zij	heeft	sie	hat	zij	is	sie	ist
het	heeft	es	hat	het	is	es	ist
wij	hebben	wir	haben	wij	zijn	wir	sind
jullie	hebben	ihr	habt	jullie	zijn	ihr	seid
zij	hebben	sie	haben	zij	zijn	sie	sind
u	heeft	Sie	haben	u	bent	Sie	sind

Statt	*betont*	**jij**	**zij**	**wij**
sagt und schreibt man oft	*unbetont*	***je***	***ze***	***we***

Man kann statt "u heeft" auch die ältere Form "u hebt" verwenden.

8. *VUL IN "HEBBEN OF "ZIJN"*

1. Mevrouw Dekker ___ in de bank.
2. Jan __________ nog honderd mark.
3. Waar _______ meneer Blek en Tineke?
4. Mevrouw Dekker __________ een zoon.
5. _______ jij nog geld?
6. __________ u nog geld?
7. _______ jij Tineke Blek?
8. __________ u mevrouw Blek?
9. Wij _____________ nog negentien mark.

10. Ik __________ de vader van Tineke.

11. Ik __________ een kwartje en een dubbeltje.

12. Jij __________ een stuiver.

13. Jullie _______ in de bank.

14. Mevrouw Dekker en Jan __________ nu Nederlands geld.

9. WIJ TELLEN VERDER

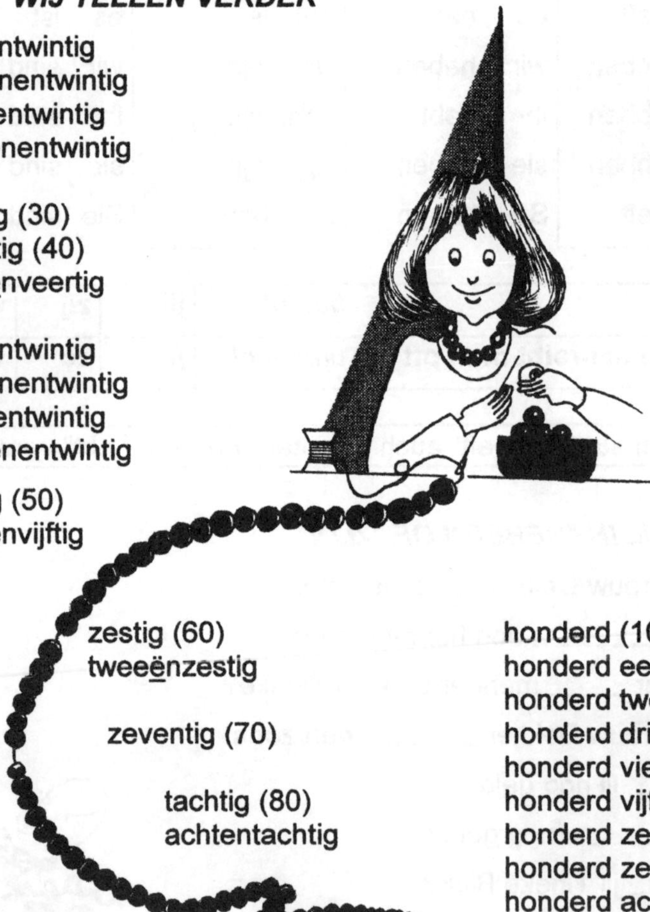

zesentwintig
zevenentwintig
achtentwintig
negenentwintig

dertig (30)
veertig (40)
drieënveertig

zesentwintig
zevenentwintig
achtentwintig
negenentwintig

vijftig (50)
eenenvijftig

zestig (60)
tweeënzestig

zeventig (70)

tachtig (80)
achtentachtig

negentig (90)

honderd (100)
honderd een
honderd twee
honderd drie
honderd vier
honderd vijf
honderd zes
honderd zeven
honderd acht
honderd negen

10. IN DE BANK

Mevrouw Dekker: Dag, meneer. Waar kan ik met een cheque geld opnemen?

Meneer: Daarvoor moet u naar loket vijf, mevrouw.

Mevrouw Dekker: Kunt u mij zeggen waar dat loket is, meneer?

Meneer: Ja zeker, mevrouw. Aan de linkerkant achter die grote plant.

Mevrouw Dekker: Dank u wel, meneer!

Meneer: Graag gedaan, mevrouw!

11. WIJ TELLEN VERDER!

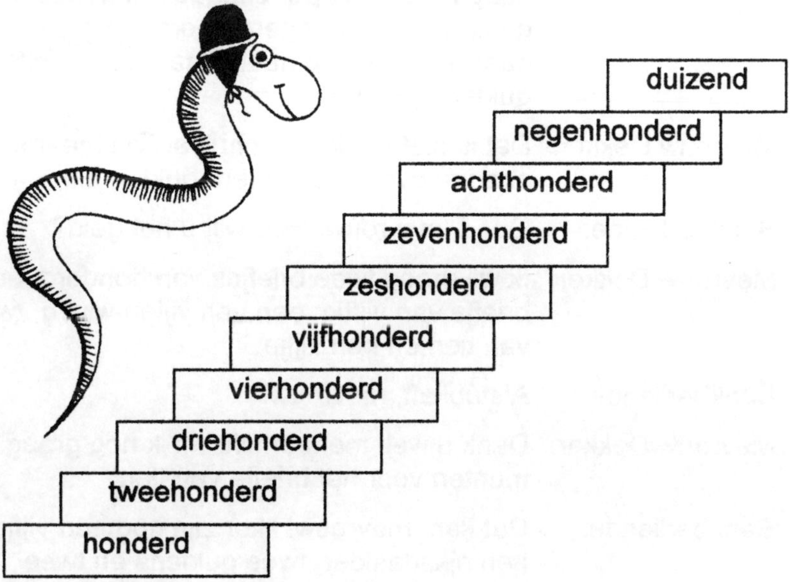

duizend, elfhonderd, twaalfhonderd, dertienhonderd, enz..

1111 wordt dus: elfhonderd elf!

9999 wordt dus negenennegentighonderd negenennegentig

12. NOEM DE GETALLEN

33 - 344 - 89 - 77 - 125 - 888 - 1253 - 12 - 681 - 999 - 3491 - 8

Partneroefening:
Noem een getal. Je buurman/buurvrouw schrijft het op. Daarna wisselen. Ga zo verder.

13. AAN HET LOKET

Bankbediende: Goedemorgen, mevrouw!

Mevrouw Dekker: Meneer, ik wil graag vierhonderd gulden opnemen.

Bankbediende: Dat kan, mevrouw. Maar u moet dan wel twee cheques uitschrijven omdat het hoogste bedrag per cheque driehonderd gulden is. Voor hogere bedragen moet u naar de bankautomaat. Daar kun je zelfs 600 gulden opnemen.

Mevrouw Dekker: Dat is niet nodig. Ik schrijf alleen maar een cheque over driehonderd gulden uit.

Bankbediende: Goed, mevrouw. Hoe wilt u het geld?

Mevrouw Dekker: Ik wil graag twee briefjes van honderd, een briefje van vijftig, een van vijfentwintig, twee van tien en een vijfje.

Bankbediende: Alstublieft, mevrouw!

Mevrouw Dekker: Dank u wel, meneer! Nu wil ik nog graag munten voor het briefje van tien.

Bankbediende: Dat kan, mevrouw! Hier zijn nog een vijfje, een rijksdaalder, twee guldens en twee kwartjes.

Mevrouw Dekker: Dank u wel, meneer en tot ziens.

Bankbediende: Graag gedaan, mevrouw. Tot ziens.

14. DE BANKAUTOMAAT

1. Voer uw pas in
   even geduld a.u.b.
2. Nederlands ⋖ ➢ Duits
   Engels ⋖ ➢ Frans
3. Wilt u een transactiebon? Ja⋖ ➢Neen
4. Toets uw pincode in en sluit invoer af met | G O E D | toets
5. 50 f ⋖ ➢200f
   100f ⋖ ➢300f
   ➢500f
   150f ⋖ ➢ander bedrag

6. even geduld a.u.b.
7. pas uitnemen
   uw geld uitnemen
   wacht op uw transactiebon
8. Dank voor uw bezoek

15. BINGO

Jeder kreist auf der ersten Karte 5 Zahlen nach eigener Wahl ein.
Der Spielleiter liest die Zahlen in beliebiger Reihenfolge vor.
Die vorgelesenen Zahlen werden durchgestrichen. Wer seine 5 eingekreisten Zahlen durchgestrichen hat, ruft:

und hat gewonnen.

Jeder füllt jetzt selbst die zweite Karte mit beliebigen Zahlen unter 100 aus. Viel Spaß!

2	17	31	49	62
89	19	36	53	68
10	22	40	92	72
11	96	44	57	77

LES 3. BOODSCHAPPEN DOEN

1. IN DE SUPERMARKT

Verkoopster: Kan ik u helpen?

Duitse toeriste: Graag, waar vind ik yoghurt en "Pudding"? Hoe noemt men "Pudding" in het Nederlands?

Verkoopster: "Vla" meinen Sie? Kommen Sie bitte mit. Hier steht der Joghurt, und da haben wir "vla".

Duitse toeriste: Wilt u alstublieft Nederlands blijven spreken? Ik probeer de taal te leren.

Verkoopster: Oh, wat leuk! Dan wil ik graag Nederlands met u spreken.

Duitse toeriste: Dat is leuk. Ik wil graag nog 2 pakjes boter, 1 pakje margarine, 1 pond kaas, 10 eieren en hoe heet dit en hoe heet dat?.

Verkoopster: Dit is een pak melk en dat is een blik sardientjes. Verder nog iets, mevrouw?

Duitse toeriste: Kunt u mij ook nog zeggen, hoe deze artikelen heten?

Verkoopster: Dit is hagelslag en dat is pindakaas.

Duitse toeriste: Geeft u mij dan alstublieft ook een pot pindakaas en een pakje hagelslag. Dat is alles. Hoeveel moet ik betalen?

Verkoopster: Dat is precies vijftien gulden, mevrouw.

Duitse toeriste: Alstublieft, mevrouw. En hartelijk bedankt voor uw hulp. Ik heb veel nieuwe dingen geleerd.

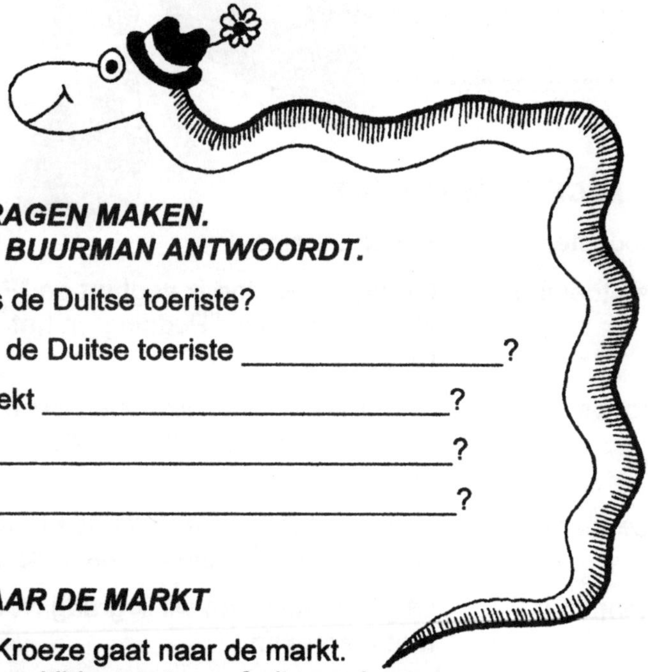

2. VRAGEN MAKEN. JE BUURMAN ANTWOORDT.

1. Waar is de Duitse toeriste?
2. Wat wil de Duitse toeriste ________________?
3. Wat zoekt __________________________?
4. Wat ________________________________?
5. ___________________________________?

3. NAAR DE MARKT

Mevrouw Kroeze gaat naar de markt.
Daar kun je altijd groente en fruit vers kopen.

De verkoopster kan haar vandaag lekkere snijbonen en rode kool aanbevelen.

Maar mevrouw Kroeze wil liever iets anders.

Ze koopt twee bloemkolen, een kilo spinazie, twee kilo aardappels, een pond uien, een pond tomaten en een komkommer.

Maar nu heeft ze nog geen fruit.

Ze neemt nog een kilo appels, 10 manderijnen zonder pitten, een bakje aardbeien en een bakje bessen.

Dan wil ze nog graag een bakje champignons, maar ze vindt de champignons te duur.

Ze heeft nu ook genoeg groente en fruit.

Mevrouw Kroeze betaalt voor alles f 25,75. Ze heeft goedkoop boodschappen gedaan.

4. HET MEERVOUD (DIE MEHRZAHL)

Die Mehrzahl bildet man meistens durch Anhängen von ***"-en"***.

de bank	de bank-***en***
de munt	de munt-***en***
het ding	de ding-***en***

Wörter, die auf ***"-el", "-em", "-er" oder "-en"*** enden, sowie ***"Fremdwörter"*** und Wörter die auf ***"(t)je"*** enden, bekommen in der Mehrzahl in der Regel ***"-s"***.

de aardappel	de aardappel**s**
de dochter	de dochter**s**
de bezem	de bezem**s**
de gulden	de gulden**s**
de champignon	de champignon**s**
het dubbeltje	de dubbeltje**s**

Wenn ein langes ***"a,e,o,u"*** am Ende einer Silbe steht, dann schreiben wir nur ein ***"a,e,o,u"***.

de bloem-kool	de bloem-k**o**-len
de to-maat	de to-m**a**-ten
de peer	de p**e**-ren

Der Buchstabe, der nach einem kurzen ***"a,e,i,o,u"*** steht, verdoppelt sich in der Mehrzahl.

het pak	de pa***k-k***en
de bes	de be***s-s***en
het blik	de bli***k-k***en

de/het → ***de***

5. *GEEF HET MEERVOUD*

de mevrouw	de stuiver	de moeder	de vader
het voorbeeld	het pakje	de gulden	de kool
de snijboon	het sardientje	de aardappel	de komkommer
de banaan	de pit	de ui	het dubbeltje
de aardbei	de boodschap		

6. *MAAK EEN DIALOOG*

Maak een dialoog naar aanleiding van de tekst “naar de markt”.

7. *DE CENT DIE GEEN CENT MEER WAARD IS*

Bediende: Dat is drie gulden achttien, meneer!

Meneer Blek: Alstublieft, drie gulden vijfentwintig, mevrouw!

Bediende: Hier heeft u een stuiver terug.

Meneer Blek: Maar ... dat is twee cent te weinig!

Bediende: Nee, meneer. De cent hebben wij alleen nog op papier. Drie gulden achttien ronden we naar boven af en u betaalt drie gulden twintig. Drie gulden zeventien ronden we naar beneden af en u betaalt drie gulden vijftien.

Meneer Blek: Dank u wel voor de informatie, mevrouw!

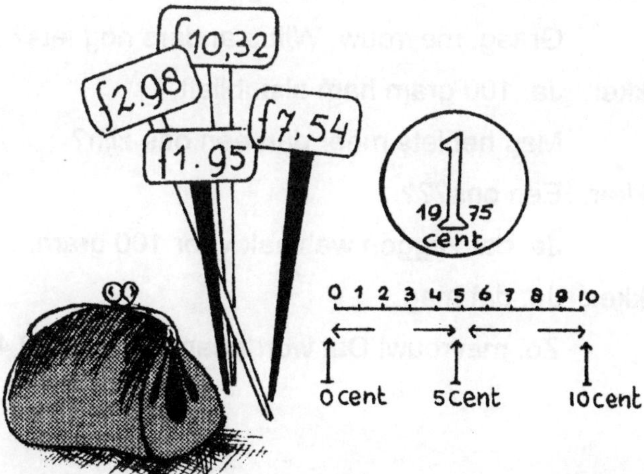

8. LEES GOED

Mevrouw Dekker betaalt in de winkel de boodschappen. Zij kijkt in haar portemonnee. Tot haar schrik ziet zij nog maar twee dubbeltjes en een stuiver.

Zij roept: "Tineke, heb jij nog wat Nederlands geld bij je?"

Gelukkig! Tineke heeft nog een paar guldens en een briefje van vijfentwintig.

Moeder moet zeven gulden zesentwintig betalen.

Tineke geeft vijfentwintig gulden aan de bediende aan de kassa.

Hoeveel krijgt zij terug?

9. BIJ DE SLAGER

Slager:	Goedemorgen, mevrouw!
Mevrouw Dekker:	Goedemorgen, meneer!
Slager:	Zegt u het maar, mevrouw!
Mevrouw Dekker:	Heeft u vandaag speciale aanbiedingen?
Slager:	Ja zeker, mevrouw! Hier hangt de lijst. U ziet, gehakt en ham zijn in de aanbieding.
Mevrouw Dekker:	Geeft u maar een kilo gehakt.
Slager:	Graag, mevrouw. Wilt u anders nog iets?
Mevrouw Dekker:	Ja, 100 gram ham alstublieft.
Slager:	Mag het iets meer dan een ons zijn?
Mevrouw Dekker:	Een ons???
Slager:	Ja, dat zeggen we vaak voor 100 gram.
Mevrouw Dekker:	Ja, dat mag.
Slager:	Zo, mevrouw! Dat wordt dan samen f 10,45.

Mevrouw Dekker: Wilt u het geld liever gepast of maakt het u niet uit?

Slager: Als het kan liever gepast, mevrouw.

Mevrouw Dekker betaalt met een briefje van f 10.00, 4 dubbeltjes en 1 stuiver.

10. MAAK EEN DIALOOG

Je gaat nu zelf naar de markt en koopt groente, fruit en vlees. Maak eerst een boodschappenlijst en dan de dialoog.

11. ROEPEN (RUFEN)

ik	roep
	roep jij?
jij	roept
hij	roept
zij	roept
het	roept
wij	roepen
jullie	roepen
zij	roepen
u	roept

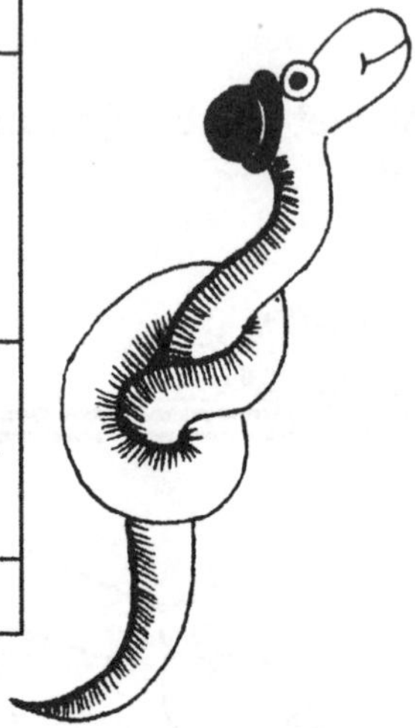

ich	rufe
	rufst du?
du	rufst
er	ruft
sie	ruft
es	ruft
wir	rufen
ihr	ruft
sie	rufen
Sie	rufen

12. VUL IN:

roepen, zoeken, wisselen, winkelen, hangen, kijken, krijgen

1. De lijst ______________ bij de slager.
2. Mevrouw Dekker __________________ het geld in de bank.
3. Ik ________ een bank.
4. Wij ________ Tineke en Jan.
5. ________ jij in de supermarkt?
6. Voor DM 100,-- __________________ jullie f 112,--.
7. U ________ in de portemonnee.

13. VERTAAL DE VOLGENDE ZINNEN

1. Mir geht es gut.
2. Jan ist der Sohn von Herrn Blek.
3. Ich will Geld wechseln.

4. Wo ist eine Bank?
5. Tineke möchte gerne niederländisch sprechen.
6. Können Sie mir etwas empfehlen?
7. Vater muß 10 Gulden bezahlen.
8. Geben Sie mir bitte 100 Gramm Schinken.
9. Sonst noch etwas? Anders nog iets / Verder nog iets
10. Auf dem Markt kannst du Obst und Gemüse frisch kaufen. vers

14. HOEVEEL KOST DAT?

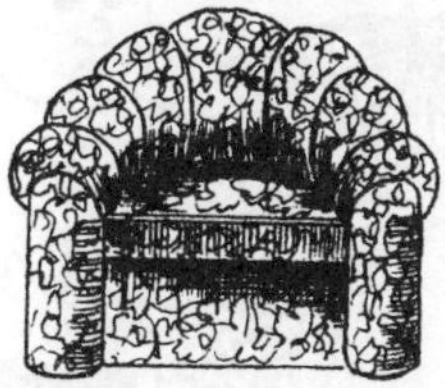

De stoel kost 250 gulden.

Ik betaal met twee briefjes van honderd gulden en een briefje van vijftig.

De fiets kost ...
Ik betaal met ...
de fiets (das Rad)

De komkommer kost .....
Ik betaal met ....

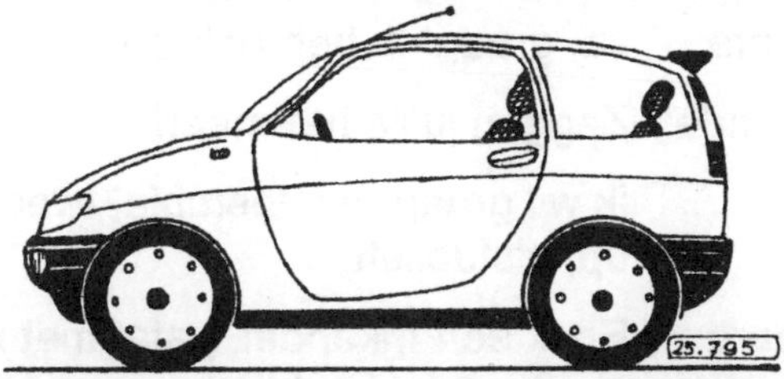

De auto kost ...
Ik betaal met ...

de auto (das Auto)

De kaas kost ....
Ik betaal met .....

De grote plant kost ....
Ik betaal met .....

De portemonnee kost ....
Ik betaal met ....

LES 4. SMAKELIJK ETEN!

1. IN DE SNACKBAR

Jan: Barbara, ga je mee naar de snackbar? Ik heb honger!

Barbara: Ja, graag! Ik heb ook trek!

Bediende: Zeggen jullie het maar!

Jan: Ik wil graag een loempia, twee kroketten en een 7-up, alstublieft.

Barbara: En ik een frikandel, patat met mayonaise en een chocomel, alstublieft.

Jan: Barbara, ik betaal wel.

Bediende: Dat is samen f 14,75.

Jan: Alstublieft, een briefje van tien en een vijfje.

Bediende: Dank je wel, en een kwartje terug. Eet smakelijk!

Barbara: Jan, wat is dat nou? Ik heb toch een frikandel besteld, maar dit is toch een soort braadworst!

Jan: Dat klopt, Barbara. Als je in Nederland een "Frikadelle" wilt, moet je een gehaktbal bestellen!

Barbara: Oh, al weer iets nieuws geleerd. Dat weet ik dan voor de volgende keer!

2. GAAN EN STAAN

GAAN

ik	ga
	ga jij?
jij	gaat
hij	gaat
zij	gaat
het	gaat
wij	gaan
jullie	gaan
zij	gaan
u	gaat

STAAN

ik	sta
	sta jij?
jij	staat
hij	staat
zij	staat
het	staat
wij	staan
jullie	staan
zij	staan
u	staat

3. VUL IN: GAAN OF STAAN

1. Tineke _______ naar de markt.
2. Vader __________ voor het loket.
3. ____ jij naar de slager?
4. Wij __________ naar bed.
5. U __________ hier al een half uur.
6. Ik _______ achter de plant.
7. _______ u ook mee?
8. Jullie __________ naast vader.
9. Zij __________ niet zo graag naar de supermarkt.
10. _______ jij lang voor de bank?

4. *IN HET RESTAURANT*

De ober begroet Melanie en Roy en vraagt waar ze willen zitten. Ze willen graag een tafel bij het raam. De ober brengt ze naar een tafel voor twee personen die nog vrij is. Hij vraagt de jas van Melanie en hangt die aan de kapstok bij de deur. Melanie wil als aperitief een sherry. Roy bestelt een droge sherry voor zijn vrouw en neemt zelf niets.

De ober brengt de sherry en een menukaart. Hij vraagt of ze ook de wijnkaart willen. Roy zegt dat ze niet van wijn houden. Melanie bestelt biefstuk met gebakken aardappeltjes en een gemengde salade. Ze weet nog niet wat voor soep ze vooraf wil: groentesoep, tomatensoep of soep van de dag.

De ober zegt dat de soep van de dag kippensoep is.

Ze nemen allebei kippensoep en Roy bestelt een schnitzel en ook gebakken aardappeltjes met gemengde salade. Als ze klaar zijn met eten, nemen ze nog ijs toe.

5. *MAAK VRAGEN EN ANTWOORDEN*

Gebruik daarbij de volgende woorden:

de ober / een tafel / de jas / de kapstok / een sherry / zijn vrouw / een menukaart / de wijnkaart / biefstuk met gebakken aardappels en een gemengde salade / kippensoep / een schnitzel / ijs.

6. *ETEN EN HALEN*

ETEN

ik	eet
	eet jij?
jij	eet
hij	eet
zij	eet
het	eet
wij	eten
jullie	eten
zij	eten
u	eet

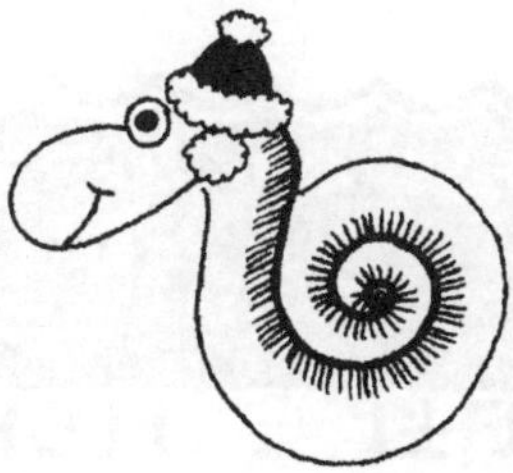

HALEN

ik	haal
	haal jij?
jij	haalt
hij	haalt
zij	haalt
het	haalt
wij	halen
jullie	halen
zij	halen
u	haalt

Wenn am Ende einer Silbe ein langes ***"a, e, o, u"*** steht, dann schreiben wir nur ein ***"a, e, o, u"***.
Also: ha-len, e-ten, ko-pen, hu-ren.

Folgt am Ende einer Silbe ein ***"l", "t" usw.***, dann verdoppelt sich ***"a, e, o, u"***.
Also: ik haal, ik eet, ik koop, ik huur

7. *VUL DE JUISTE VORM IN*

1. Wij (*eten*) in een snackbar.
2. Hij (*eten*) bij de Chinees.
3. Jullie (*kopen*) een kroket.
4. De slager (*verkopen*) vlees.
5. Hij (*verkopen*) fruit op de markt.
6. Meneer Blek (*betalen*) met Nederlands geld.

7. Mevrouw Dekker en Jan (*betalen*) met een briefje van honderd.
8. (*Vergeten*) jij de portemonnee niet?
9. Zij (*vergeten*) de melk mee te nemen.
10. U (*lopen*) naar de bank.

8. *BIJ DE CHINEES*

Meneer Blek: Kom Tineke. We gaan vanavond bij de Chinees eten. Dat is lekker en niet duur!

Bediende: Goedenavond! Wilt u hier eten of neemt u het eten mee?

Meneer Blek: Mijn dochter en ik willen hier eten.

Bediende: Gaat u zitten, dan breng ik u de menukaart.

Meneer Blek: Tineke, wat wil jij drinken?

Tineke: Oh, een Spa rood, pa.

Bediende: Alstublieft, de menukaart. Wilt u iets drinken?

Meneer Blek: Ja, mijn dochter een Spa rood en ik een pilsje, alstublieft, want ik heb dorst.

Tineke: Wat eten we, pa? Rijsttafel, of stellen we zelf een menu samen?

Meneer Blek: We stellen zelf een menu samen. Wat denk je van een loempia en dan nasi of bami?

Tineke: Ja, en ik lust wel een haaienvinnensoep vooraf!

Meneer Blek: Tineke, moet ik om stokjes vragen of eet je met lepel en vork?

Tineke: Natuurlijk met lepel en vork! Met stokjes eten is toch veel te moeilijk!

9. ZET IN HET MEERVOUD

1. Meneer Blek en Tineke eten met (*stokje*)
2. Mevrouw Dekker roept:"Ik wil graag 1 kilo (*appel*) en 200 gram (*champignon*)!"
3. De (*aardappel*) smaken vandaag lekker, mevrouw Blokker.
4. "Ik tel mijn (*cent*)", zegt opa tegen Jan.
5. Welke (*aanbieding*) staan vandaag in de krant?
6. Oma maakt twee (*lijstje*) met boodschappen.
7. Ik wil graag dit bakje met (*aardbei*).
8. Op de (*tafel*) liggen (*lepel*) en (*vork*).
9. Moeder vraagt:"Waar zijn de (*komkommer*), Tineke?"
10. De (*dochter*) van oom Rudolf (*is*) op vakantie in Nederland.

10. PARTNEROEFENING

De een leest een woord uit de linkerkolom voor en wijst het op de tekening aan. Zijn/haar partner herhaalt het woord en vult het met een woord uit de rechterkolom aan.

een kopje koffie
de tafel
de ober
een glas bier
de vork
de menukaart
met het mes
met de lepel
op de stoel
de karaf
het bord

leeg eten
zitten
snijden
lezen
roepen
eten
leeg schenken
dekken
drinken
bestellen
neer leggen

11. MAAK EEN DIALOOG

- Vier personen komen in het restaurant.
- Ze willen iets drinken voor het eten.
- Drie personen bestellen soep.
- Ze bestellen vlees, aardappels, snijbonen, bloemkool of gemengde salade en als toetje ijs of vla.

12. HUTSPOT, EEN NEDERLANDS GERECHT

(recept voor 4 personen)

1. ½ kg wortels en ½ kg uien snipperen.
   Samen met ½ kg riblap 1 tot 1½ uur koken (sudderen).
   Een mespuntje zout toevoegen.
2. 1½ kg aardappels apart koken.
3. Groente, vlees en aardappels goed afgieten.
4. Groente en aardappels met een mespuntje peper kruiden en door elkaar stampen.
5. Het vlees in vier stukken snijden.
6. Het sausje: 1 eetlepel mosterd met bloem en water vermengen.
7. Eet smakelijk!

LES 5. OP REIS

1. OP REIS NAAR NEDERLAND

Jan: Hoe ging het aan de grens?

Barbara: Prima! Je kunt zo doorrijden.

Jan: Zo doorrijden? Dat is prettig! Is er dan helemaal geen controle meer?

Barbara: Dat wel, maar de douane controleert het personenvervoer eigenlijk niet meer.

Jan: Waarom doet de douane dat niet langer? Moet je dan geen paspoort of identiteitsbewijs meenemen?

Barbara: Ho, nu vraag je teveel in een keer. Ik begin bij je eerste vraag. Dat heeft te maken met de eenwording van Europa.
De burgers van de E.U.-landen mogen elkaars grenzen vrij passeren.

Jan: En hoe is het met een paspoort?

Barbara: Een geldig paspoort of een identiteitsbewijs moet je natuurlijk wel bij je dragen.

2. *DOEN EN ZIEN*

DOEN

ik	doe	
	doe	jij?
jij	doet	
hij	doet	
zij	doet	
het	doet	
wij	doen	
jullie	doen	
zij	doen	
u	doet	

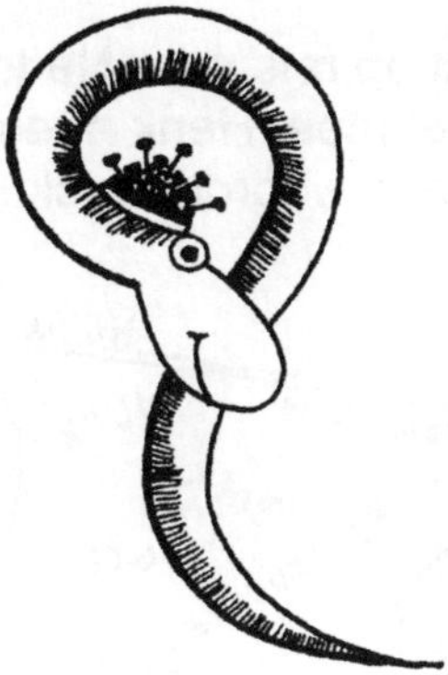

ZIEN

ik	zie	
	zie	jij?
jij	ziet	
hij	ziet	
zij	ziet	
het	ziet	
wij	zien	
jullie	zien	
zij	zien	
u	ziet	

3. *VUL IN: ZIEN OF DOEN*

1. Ik _____ pindakaas in de supermarkt.
2. Wij __________ de bus voor het restaurant staan.
3. Ik _____ niet veel vanavond.
4. Zij __________ nog maar twee dubbeltjes in haar portemonnee.
5. Wat _____ jij in je portemonnee?
6. Wat kan ik voor u __________ ?
7. Wat __________ u, opa? Ik tel mijn centen!
8. Chinezen eten met stokjes; dat _______ niet iedereen.
9. __________ u Tineke op de markt?
10. Wat _____ je met de uien?

4. *WIJ PAKKEN ONZE KOFFER EN GAAN OP REIS NAAR NEDERLAND*

Anneke: Ik ga op reis naar Nederland en neem een tandenborstel mee.

Henk: Anneke gaat op reis naar Nederland en neemt een tandenborstel mee en ik neem een pyjama mee.

Tineke: Anneke gaat op reis naar Nederland en neemt een tandenborstel mee, Henk neemt een pyjama mee en ik neem een woordenboek mee.

Ga zo door!!!

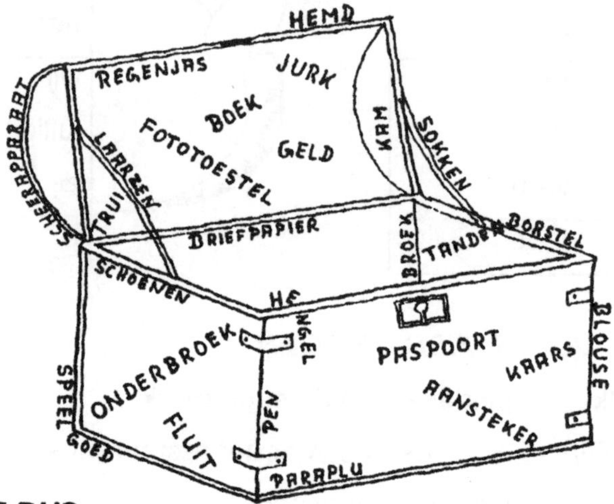

5. *MET DE BUS*

Bert: Ik laat vandaag mijn auto in de parkeergarage staan. We gaan vandaag met de bus of met de tram.

Marianne: Ja, met het openbaar vervoer ben je overal heel snel.

Bert: We gaan naar het station. Daar vinden we zeker een bus of tram.

Marianne: Waar kun je kaartjes kopen voor de tram of voor de bus?

Bert: Op het station en in de tram en de bus natuurlijk. Maar je moet in de tram en in de bus meer betalen.

Marianne: Laten we het kaartje dan maar op het station kopen.

Bert: Hebben wij geluk! De bus stopt vlak voor het station! Daar zie ik hem al!

Marianne: Laten we dan maar snel instappen.

Bert: Meneer! Wij willen naar Artis. Moeten we dan nog overstappen?

Chauffeur: U kunt in deze bus blijven zitten. In de Plantage Middenlaan moet u uitstappen.

Marianne: Dank u wel, meneer!

Bert: Twee buskaartjes naar Artis, alstublieft!

Chauffeur: Wij verkopen alleen strippenkaarten, meneer! Weet u hoe dat werkt?

Bert: Nee, meneer.

Chauffeur: Kijkt u maar even! U wilt naar Artis. Dat zijn twee zones. U betaalt 1 basisstrip en voor iedere zone 1 strip. Dus u heeft drie strippen nodig.

Bert: Dank u wel!

6. VUL DE JUISTE VORM IN

1. Tineke (*gooien*) met twee dobbelstenen.
2. Meneer Blek en mevrouw Dekker (*wisselen*) het geld.
3. (*Zijn*) u de vader van Joost?
4. Wij (*halen*) twee flessen mineraalwater.
5. "(*Gaan*) jij mee naar de markt, Jan?" (*vragen*) Ina.
6. Ik (*hebben*) geen geld bij me.
7. (*Vergeten*) jij je portemonnee niet, Marianne?
8. Jullie (*zoeken*) de hagelslag.
9. Dat (*zijn*) dan vijf gulden eenentachtig.
10. (*Willen*) u ook nog een bakje champignons?

7. DAGEN, MAANDEN, JAARGETIJDEN

Een week heeft zeven dagen:

maandag
dinsdag
woensdag
donderdag
vrijdag
zaterdag
zondag

Een jaar heeft twaalf maanden:

januari
februari
maart
april
mei
juni
juli
augustus
september
oktober
november
december

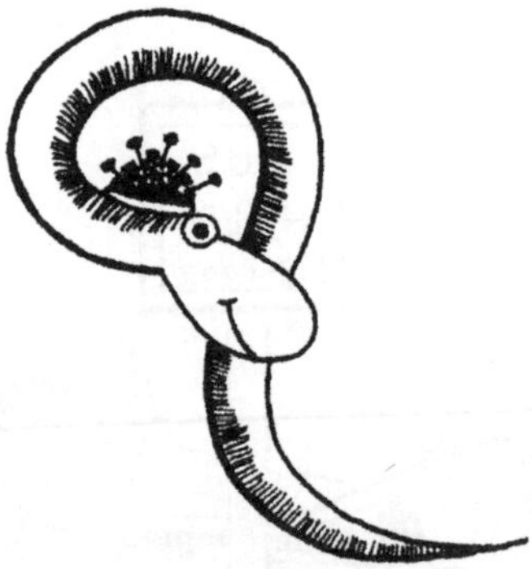

Een jaar heeft ook vier jaargetijden.

De *lente* begint op 21 maart.
De *zomer* begint op 21 juni.
De *herfst* begint op 23 september.
De *winter* begint op 21 december.

BANKBILJETTEN
een briefje van

<u>1. tien</u>

2. vijfentwintig

3. vijftig

4. honderd

BANKBILJETTEN
een briefje van

1. tien

<u>2. vijfentwintig</u>

3. vijftig

4. honderd

BANKBILJETTEN
een briefje van

1. tien

2. vijfentwintig

<u>3. vijftig</u>

4. honderd

BANKBILJETTEN
een briefje van

1. tien

2. vijfentwintig

3. vijftig

<u>4. honderd</u>

GETALLEN

<u>1. achtentachtig</u>

2. negenennegentig

3. honderdtien

4. twaalfhonderdéén

GETALLEN

1. achtentachtig

<u>2. negenennegentig</u>

3. honderdtien

4. twaalfhonderdéén

GETALLEN

1. achtentachtig

2. negenennegentig

<u>3. honderdtien</u>

4. twaalfhonderdéén

GETALLEN

1. achtentachtig

2. negenennegentig

3. honderdtien

<u>4. twaalfhonderdéén</u>

HET GEZIN

1. <u>de vader</u>
2. de moeder
3. de zoon
4. de dochter

HET GEZIN

1. de vader
2. <u>de moeder</u>
3. de zoon
4. de dochter

HET GEZIN

1. de vader
2. de moeder
3. <u>de zoon</u>
4. de dochter

HET GEZIN

1. de vader
2. de moeder
3. de zoon
4. <u>de dochter</u>

NEDERLANDSE MUNTEN

1. <u>de stuiver</u>
2. het kwartje
3. het dubbeltje
4. de gulden

NEDERLANDSE MUNTEN

1. de stuiver
2. <u>het kwartje</u>
3. het dubbeltje
4. de gulden

NEDERLANDSE MUNTEN

1. de stuiver
2. het kwartje
3. <u>het dubbeltje</u>
4. de gulden

NEDERLANDSE MUNTEN

1. de stuiver
2. het kwartje
3. het dubbeltje
4. <u>de gulden</u>

GROENTEN

<u>1. de snijboontjes</u>
2. de rode kool
3. de uien
4. de komkommer

GROENTEN

1. de snijboontjes
<u>2. de rode kool</u>
3. de uien
4. de komkommer

GROENTEN

1. de snijboontjes
2. de rode kool
<u>3. de uien</u>
4. de komkommer

GROENTEN

1. de snijboontjes
2. de rode kool
3. de uien
<u>4. de komkommer</u>

VLEESWAREN

<u>1. het gehakt</u>
2. de biefstuk
3. de schnitzel
4. de ham

VLEESWAREN

1. het gehakt
<u>2. de biefstuk</u>
3. de schnitzel
4. de ham

VLEESWAREN

1. het gehakt
2. de biefstuk
<u>3. de schnitzel</u>
4. de ham

VLEESWAREN

1. het gehakt
2. de biefstuk
3. de schnitzel
<u>4. de ham</u>

MELKPRODUKTEN

<u>1. de melk</u>

2. de yoghurt

3. de vla

4. de kaas

MELKPRODUKTEN

1. de melk

<u>2. de yoghurt</u>

3. de vla

4. de kaas

MELKPRODUKTEN

1. de melk

2. de yoghurt

<u>3. de vla</u>

4. de kaas

MELKPRODUKTEN

1. de melk

2. de yoghurt

3. de vla

<u>4. de kaas</u>

BEGROETINGEN

<u>1. goedemorgen</u>

2. goedemiddag

3. goedenavond

4. dag allemaal

BEGROETINGEN

1. goedemorgen

<u>2. goedemiddag</u>

3. goedenavond

4. dag allemaal

BEGROETINGEN

1. goedemorgen

2. goedemiddag

<u>3. goedenavond</u>

4. dag allemaal

BEGROETINGEN

1. goedemorgen

2. goedemiddag

3. goedenavond

<u>4. dag allemaal</u>

8. GEEF HET JUISTE ANTWOORD

Vandaag is het ...

Morgen is het ...

Gisteren was het ...

Overmorgen is het ...

Eergisteren was het ...

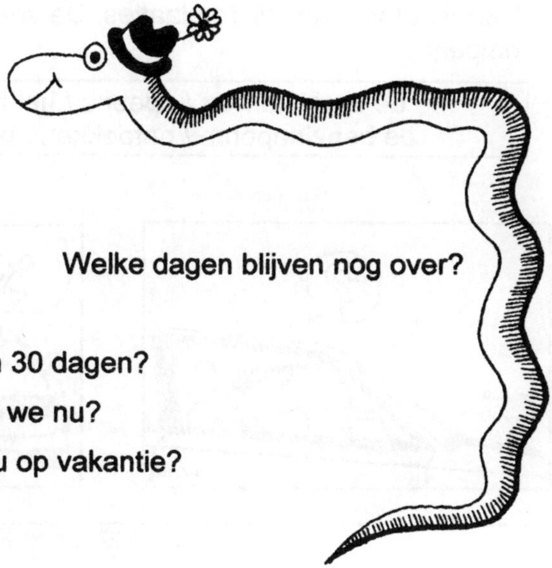

Welke dagen blijven nog over?

Wanneer bent u jarig?

Welke maanden hebben 30 dagen?

Welk jaargetijde hebben we nu?

In welk jaargetijde gaat u op vakantie?

9. VUL IN

Mevrouw Dekker en Jan willen gaan ______________________.

Ze kunnen naar de ______________________, naar het ______________________ of naar de ______________________.

Ze gaan naar het ______________________. Ze bestellen eerst ______________________ te drinken. Mevrouw Dekker drinkt een ______________________ en Jan drinkt een ______________________ Jan wil ______________________ en mevrouw Dekker neemt ______________________ Daarna eet Jan een ______________________ met ______________________ en gemengde groente en mevrouw Dekker een ______________________ met gebakken aardappeltjes en ______________________. Ze nemen ook nog ______________ toe.

10. *BLIJ DAT IK VERDER RIJ!*

Vertel het verhaal bij de plaatjes. De volgende woorden kunnen helpen:

de autosnelweg / opeens / het benzinestation / de benzinepomp / ontdekken / blij / verder rijden

11. *STAPPEN EN ZEGGEN*

STAPPEN

ik	stap
	stap jij?
jij	stapt
hij	stapt
zij	stapt
het	stapt
wij	stappen
jullie	stappen
zij	stappen
u	stapt

ZEGGEN

ik	zeg
	zeg jij?
jij	zegt
hij	zegt
zij	zegt
het	zegt
wij	zeggen
jullie	zeggen
zij	zeggen
u	zegt

Haben wir ein kurzes ***"a, e, i, o, u"***, dann schreiben wir im Wort ein doppeltes ***"p"*** oder ***"g"*** usw..

Steht das "p" usw. am Ende oder fast am Ende - wenn ein ***"t"*** folgt -, dann schreiben wir nur ein "p" oder "g".

12. *VUL DE JUISTE VORM IN*

1. Ik _______ in de Plantagelaan ________.
2. _______ jullie ook in de Plantagelaan _______?
3. Wij ______________ tot honderd.
4. Jij _______ ook tot honderd.
5. Meneer Blek en mevrouw Dekker _______ een menu _______.
6. _______ jij ook een menu _______?
7. Zij ______________ een loempia.

8. ______________ jullie ook een loempia?

9. Hij ________: "Goedemorgen!"

10. Wij ______________ ook: "Goedemorgen!"

13. KWARTETTEN

Knip uit en speel!

Veel plezier!

14. DE STRIPPENKAART

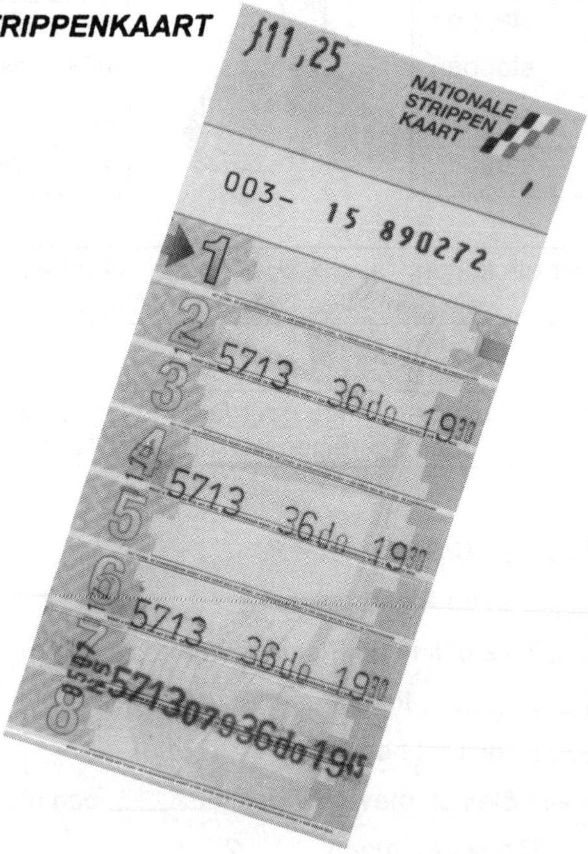

LES 6. PECH ONDERWEG

1. *PECH ONDERWEG*

Manfred en Barbara gaan op vakantie naar Nederland.

Ze gaan naar zee. De reis verloopt voorspoedig, maar midden op de Afsluitdijk wordt de automotor te heet. Manfred ziet het meteen en stopt. Hij doet de motorklep open en moppert.

Manfred: Verdorie, dat dit nu precies hier moet gebeuren, waar alleen maar water is!

Barbara: Wat is er aan de hand, Manfred?

Manfred: De slang tussen de radiateur en de motor lekt.

Barbara: Nou, dat valt toch mee!

Manfred: Ja, op zich is het niet zo erg. Maar hoe krijgen we een nieuwe slang?

Barbara: Manfred,wij zij toch lid van de ADAC! Dus helpt de Nederlandse wegenwacht ons ook.

Manfred: Kijk, daar komt al een gele auto!

Wegenwacht:	Goedendag, heeft u pech?
Manfred:	Dag, meneer. Ja, een slang lekt.
Wegenwacht:	Oh, ik zie het al. Nou, die plak ik dicht en dan kunt u doorrijden.
Manfred:	Mag ik u iets vragen?
Wegenwacht:	Natuurlijk, meneer.
Manfred:	Wat betekenen de letters ANWB op uw auto?
Wegenwacht:	Dat betekent "Algemene Nederlandse Wielrijders Bond."
Manfred:	Dank u wel, en ook nog bedankt voor uw hulp.
Wegenwacht:	Graag gedaan en tot ziens!
Barbara:	Zo, we hebben nog geluk gehad, de reis kan doorgaan.
Manfred:	Ja, maar ik ga niet verder dan Alkmaar! Weet je hoe laat het intussen is?
Barbara:	Oh, het is al kwart voor vijf!
Manfred:	Hoe vinden wij in Alkmaar een hotel of een pension?
Barbara:	Geen probleem, overal in Nederland zijn toch VVV-kantoren!
Manfred:	VVV, wat is dat?
Barbara:	Dat is de Vereniging voor Vreemdelingen-Verkeer. In de VVV-kantoren hebben ze veel informatie voor de vakantie, bijvoorbeeld over de stad, de omgeving, de bezienswaardigheden, hotels, culturele activiteiten en noem maar op. Daar hebben ze zeker ook een plattegrond van de stad.
Manfred:	Goed,dan maar eerst naar de VVV!

2. *KUNNEN EN KOMEN*

KUNNEN

ik	kan
	kan jij?
jij	kan
hij	kan
zij	kan
het	kan
wij	kunnen
jullie	kunnen
zij	kunnen
u	kunt

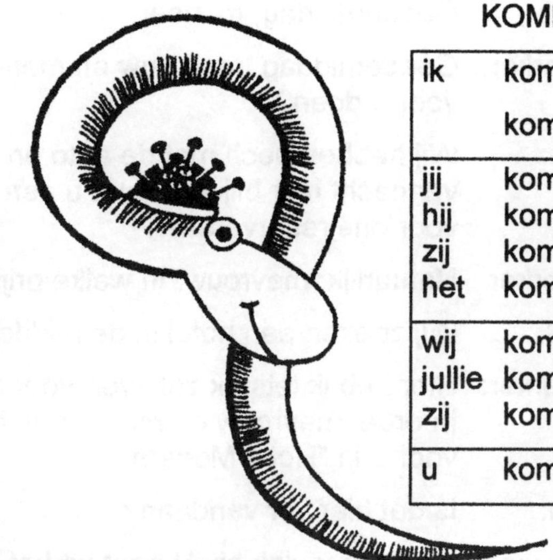

KOMEN

ik	kom
	kom jij?
jij	komt
hij	komt
zij	komt
het	komt
wij	komen
jullie	komen
zij	komen
u	komt

3. *VUL IN: KUNNEN OF KOMEN*

1. Goedemorgen, _______ ik u helpen?
2. De Duitse toeriste _______ uit de supermarkt.
3. Je _______ op de markt groente en fruit kopen.
4. Mevrouw Dekker _______ in de bank.
5. Met dit geld _______ ze de boodschappen betalen.
6. Wat _______ u in een snackbar bestellen?
7. Een gele auto _______ naar Manfred en Barbara.
8. De ANWB _______ gelukkig snel helpen.
9. Roy en Melanie ____________ niet met stokjes eten.
10. Toch _______ ze vaak bij de Chinees.

4. BIJ DE VVV

Manfred: Goedemiddag, meneer.

Medewerker: Goedemiddag, mevrouw en meneer. Wat kan ik voor u doen?

Barbara: Wij hebben pech met de auto en moeten vannacht hier blijven. Kunt u een hotelkamer voor ons reserveren?

Medewerker: Natuurlijk, mevrouw. In welke prijsklasse?

Manfred: Wij zoeken een hotel in de middenklasse.

Medewerker: Hier heb ik iets. Ik zal even voor u bellen.
In orde, mevrouw en meneer. Ik heb een kamer voor u in "Hotel Modern".

Barbara: Is dat hier ver vandaan?

Medewerker: Het is hier vlak bij. U gaat uit het kantoor rechtsaf. U neemt de derde zijstraat links. U loopt dan rechtdoor. Aan het einde slaat u linksaf. Dan ziet u rechts meteen het hotel.

Manfred: Dank u wel. Kan ik voor morgen nog wat informatie over de bezienswaardigheden in Alkmaar krijgen?

Medewerker: Natuurlijk, meneer! Hier heeft u een plattegrond. Daarop staan alle bezienswaardigheden.

Barbara: Kunt u misschien op de plattegrond de weg naar het hotel aangeven?

Medewerker: Een goed idee, mevrouw!

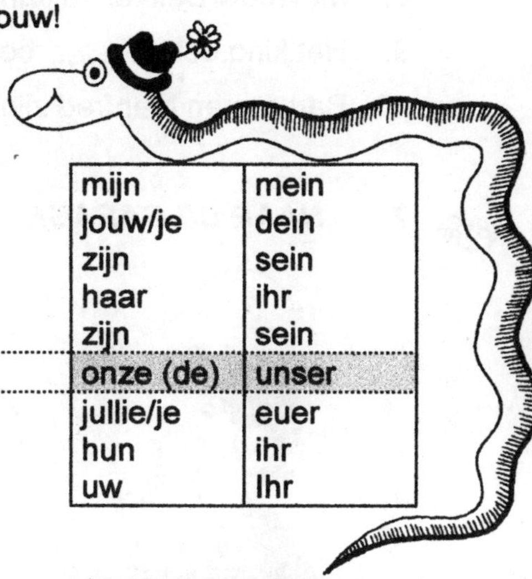

5. DE - WOORDEN

ik verkoop mijn auto
jij verkoopt jouw/je auto
hij verkoopt zijn auto
zij verkoopt haar auto
het verkoopt zijn auto
wij verkopen onze auto
jullie verkopen jullie/je auto
zij verkopen hun auto
u verkoopt uw auto

mijn	mein
jouw/je	dein
zijn	sein
haar	ihr
zijn	sein
onze (de)	unser
jullie/je	euer
hun	ihr
uw	Ihr

HET - WOORDEN

ik verkoop mijn huis
jij verkoopt jouw/je huis
hij verkoopt zijn huis
zij verkoopt haar huis
het verkoopt zijn huis
wij verkopen ons huis
jullie verkopen jullie/je huis
zij verkopen hun huis
u verkoopt uw huis

mijn	mein
jouw/je	dein
zijn	sein
haar	ihr
zijn	sein
ons (het)	unser
jullie/je	euer
hun	ihr
uw	Ihr

6. VUL IN

1. Is dit ______ lepel, Marianne?
2. Jullie stappen in ______ auto.
3. Bert werkt in ______ winkel in Alkmaar.
4. Barbara kijkt in ______ portemonnee.

5. Wij drinken ______ bier in het restaurant.
6. Tineke, is meneer Blek ______ vader?
7. Ja, dat is zo, hij is ______ vader.
8. Mevrouw Dekker, is Jan ______ zoon?
9. Het kind eet uit ______ bord.
10. Barbara en Manfred zijn tevreden met ______ hotel.

7. NAAR DE GARAGE

Hotelier: Meneer Timm. Telefoon voor u!

Manfred: Ja, hallo! Met Manfred Timm!

Monteur: Meneer Timm, uw auto is klaar. U kunt hem vanmiddag ophalen.

Manfred: Prima! Maar hoe kan ik uw garage vinden?

Monteur: Uit "Hotel Modern" gaat u linksaf. Na 300 meter gaat u rechtsaf. U loopt rechtdoor.
Dan ziet u rechts van u een pompstation.
Tegenover het pompstation, dus aan de linkerkant,ziet u een doodlopende weg.
Aan het einde van deze weg, aan de rechterkant, vindt u de garage.

Manfred:	Waar is het pompstation precies?
Monteur:	Ik zal het nog eens herhalen.Uit het hotel naar links. Na 300 meter naar rechts. Dan rechtdoor.Dan ziet u aan de rechterkant het pompstation. U ziet het al van ver.
Manfred:	Dank u wel! Oh, wat de rekening betreft, ik heb een reis- en credietbrief van de ADAC.
Monteur:	Dat is in orde, meneer. U ziet hoe verstandig dat is. Neemt u de brief straks mee?
Manfred:	Ja zeker! Dat komt in orde! Tot straks, meneer!
Monteur:	Tot straks, meneer Timm!

8. MEERVOUD

Wenn ein langes ***"a, e, i, o, u"*** am Ende einer Silbe steht, dann schreiben wir nur ein ***"a,e,i,o,u"***.

br**oo**d - br***o***-den

k**oo**l - k***o***-len

tom**aa**t - tom***a***-ten

Wenn nach einem kurzen ***"a,e,i,o,u"*** nur ein Konsonant wie ***"t,s,k"*** steht, verdoppelt sich in der Mehrzahl dieser Konsonant.

loke***t*** - loke***t-t***en

be***s*** - be***s-s***en

pa***k*** - pa***k-k***en

9. ZET HET ONDERSTREEPTE WOORD IN HET MEERVOUD

1. Jan en Tineke gooien met de dobbelsteen.
2. De zoon van meneer en mevrouw heten Jan en Jaap.
3. Barbara pakt vijftien bankbiljet uit haar portemonnee.

4. De <u>kroket</u> en de <u>frikandel</u> koop ik in de snackbar.
5. Marianne koopt 2 kilo <u>tomaat</u> bij de groenteboer.
6. Melanie doet <u>boodschap</u> bij de slager.
7. De <u>fles</u> melk en het <u>pak</u> yoghurt staan naast de boter.
8. Aan het <u>loket</u> staan veel mensen.
9. De <u>peer</u> en de <u>banaan</u> zijn vandaag in de aanbieding.
10. Aan de <u>kapstok</u> hangen veel <u>jas</u>.

10. VUL IN

> *plattegrond - bezienswaardigheden - bessen - gooien - vakantie - groente - trek - iedereen - aanbiedingen - mandarijnen - vork*

1. De familie Dekker gaat op __________ naar Nederland.
2. De VVV geeft informatie over __________ .
3. De slager heeft vandaag speciale __________ .
4. Op de markt kun je __________ en fruit vers kopen.
5. Mevrouw Kroeze koopt 10 _____ ,1 kilo appels, een bakje aardbeien en een bakje __________ .
6. Mevrouw Blek eet bij de Chinees met lepel en _____ .
7. Tineke heeft __________ in een loempia.
8. Mevrouw Dekker koopt een __________ van Den Oever.
9. Wij __________ met dobbelstenen.
10. Niet __________ kan Nederlands spreken.

11. DE WEG NAAR .....

U wilt naar:

1. het stedelijk museum
2. het stadhuis
3. het Waaggebouw
   (de kaasmarkt)
4. de Sint Laurenskerk
5. het VVV-kantoor
6. "Hotel Modern"
7. het station
8. het Viktoriepark
9. de bioscoop

Welke aanwijzingen geeft men u, als u bij A staat?

Gebruik:
- eerste
- tweede
- links
- rechts
- doorlopen

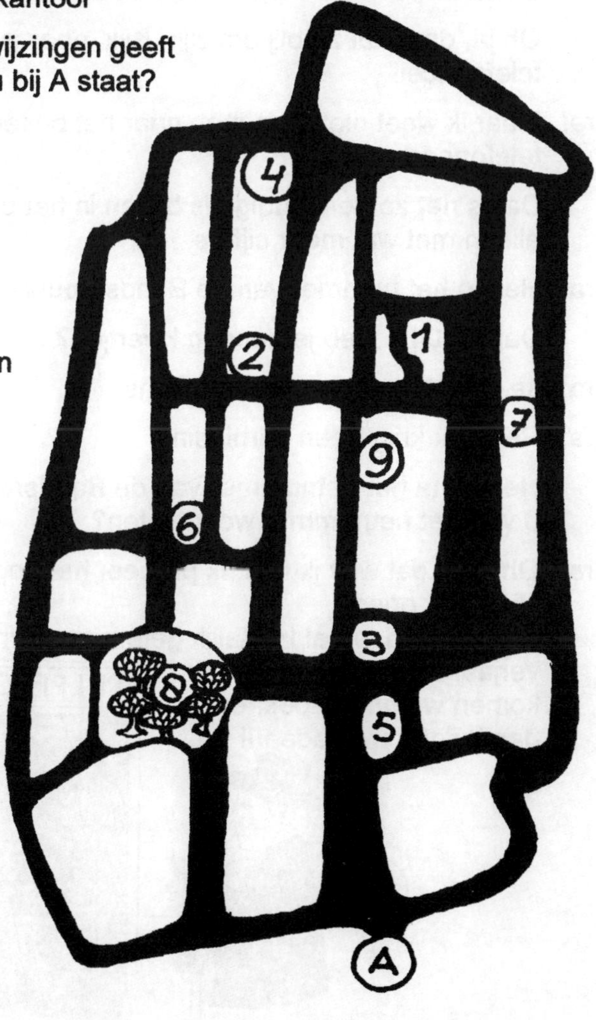

LES 7. P(OSTERIJEN)
T(ELEGRAFIE)
T(ELEFONIE)

PTT - POST, PTT - TELECOM

1. EEN TELEFOONGESPREK MET OMA

Barbara: Peter, we zijn hier in de buurt van het postkantoor. Zullen we oma even op haar vakantieadres opbellen en haar met haar verjaardag feliciteren?

Peter: Oh ja, daar zal ze blij om zijn. Kijk, daar is een telefooncel!

Barbara: Maar ik weet niet, hoe men naar het buitenland telefoneert.

Peter: Dat is net zo eenvoudig als bellen in het binnenland, alleen met wat meer cijfers.

Barbara: Heb je het nummer van de Bondsrepubliek?

Peter: Dat is 0049. Heb je genoeg kwartjes?

Barbara: Ja, ik heb ook nog twee guldens.

Barbara: Peter, ik krijg geen verbinding!

Peter: Heb je na het netnummer van de Bondsrepubliek de 0 van het netnummer weggelaten?

Barbara: Oh nee, dat wist ik niet! Ik probeer het nog een keer. Nu is het goed ...
Oma? Hallo, oma! Hartelijk gefeliciteerd met uw verjaardag! Volgende week komen we op bezoek, en dan krijgt u uw cadeau!

2. *HET ADJECTIEF*

Wörter, die ein ***"de-woord"*** näher beschreiben (Adjektive), bekommen ein ***"e"***, wenn sie unmittelbar vor diesem Wort stehen.

De jongen is groot.
De grot**e** jongen.
Een grot**e** jongen.

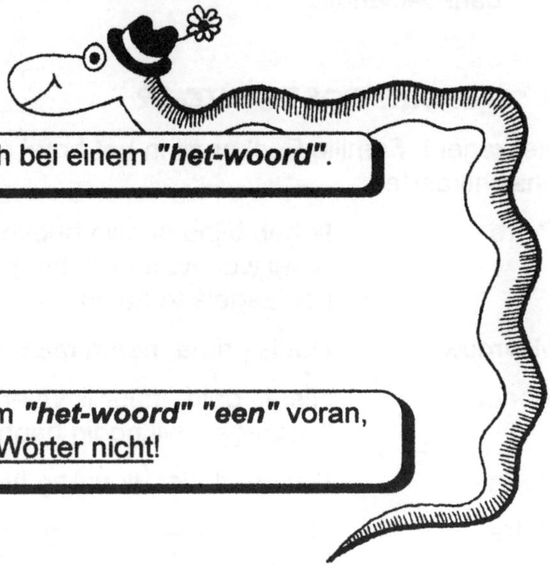

Dies geschieht auch bei einem ***"het-woord"***.

Het huis is wit.
Het witt**e** huis.
Het nummer is lang.
Het lang**e** nummer.

Geht aber bei einem ***"het-woord" "een"*** voran, so ändern sich die Wörter nicht!

Een wi***t*** huis.
Een lan***g*** nummer.

3. VUL DE JUISTE VORM IN

1. Manfred rijdt in een (*blauw*) auto.
2. Mevrouw Dekker koopt bij de slager 1 kilo (*mager*) ham.
3. De man aan het loket pakt vijf (*bruin*) bankbiljetten uit zijn portemonnee.
4. Achter de (*groen*) plant vindt u het loket.
5. De (*groot*) ober brengt ons de (*nieuw*) menukaart.
6. Marianne zoekt een (*leuk*) huisje voor haar vakantie.
7. Op de markt verkopen ze veel (*vers*) groente.

8. Ik eet biefstuk met gebakken aardappeltjes en een (*lekker*) groentesoep vooraf.
9. Tineke koopt in de supermarkt een kilo (*gemengd*) drop.
10. Barbara pakt haar (*geldig*) paspoort en geeft het aan de bankbediende.

4. OP HET POSTKANTOOR

Het regent. Familie Becker zit in het hotel en schrijft brieven en ansichtkaarten.

Petra: Ik heb bijna al mijn brieven en kaarten klaar. Ik wil wel even naar het postkantoor lopen om postzegels te halen.

Mevrouw: Dat is prima, neem maar mijn paraplu mee.

Meneer: Hier is geld, maar ik weet niet welke postzegels wij nodig hebben.

Petra: Dat geeft niet. Ik vraag het wel!

Petra: Goedemiddag. Ik wil graag postzegels om brieven en kaarten naar de Bondsrepubliek Duitsland te sturen.

Loketbediende: Voor een ansichtkaart en voor brieven tot 20 g heb je een postzegel van 80 ct nodig in Nederland. Als je de post naar het buitenland stuurt dan betaal je f 1,00 voor de brief en 80 ct voor de ansichtkaart.

Petra: Oh, dat is goedkoper dan in Duitsland! Geeft u maar 5 postzegels van 80 ct en 5 van f 1,00.

Loketbediende: Alstublieft , dat is dan 9 gulden. Hier is nog een informatieblaadje met alle posttarieven.

Petra: Dank u wel! Hier is een vijfje en 4 guldens. Doei!

Loketbediende: Dàààg!

5. VUL DE JUISTE VORM IN

1. Meneer Blek drinkt bij zijn eten een (*rood*) wijn.
2. In de (*groot*) supermarkt zoeken Jan en Tineke een bakje (*wit*) bessen.
3. De slager heeft vandaag een (*speciaal*) aanbieding: Vijf worsten halen, vier betalen!
4. "Ik ga liever naar die (*goedkoop*) Chinees", zegt Marianne tegen Bert.
5. Roy vindt de (droog) wijn niet zo lekker als de (*zoet*) wijn.
6. Mevrouw Blokker koopt de (*duur*) aardbeien.
7. Dit (*openbaar*) gebouw is elke dag van 10 uur `s morgens tot 4 uur `s middags open.
8. Op de (*gewoon*) weg mag je in Nederland maar 80 kilometer per uur rijden.
9. Jaap koopt in de supermarkt een pak (*geel*) vla.
10. Melanie vindt het een (*goed*) idee om naar een (*groot*) stad te gaan.

6. *BRIEVEN POSTEN*

Peter: Nu moeten we nog een brievenbus zoeken, hebben jullie er al eentje gezien?

Meneer Blek: Nee, ik heb er nog geen gezien. Misschien zijn ze hier anders.

Peter: Ik ga er wel eentje zoeken.

Gisela: Ik loop wel even met je mee.

Peter: Pardon, mevrouw. Waar vind ik een brievenbus?

Mevrouw: Dan moeten jullie deze straat volgen, bij de kruising gaan jullie rechtsaf en dan zien jullie na 200 meter aan de linkerkant een brievenbus.

Peter: Dank u wel, mevrouw!

Mevrouw: Graag gedaan, hoor!

Gisela: Peter, we hebben nu zeker al 200 m gelopen en ik zie nog geen brievenbus!

Peter: Ik ook niet. Laten we het nog een keer aan iemand vragen.

Gisela: Pardon, meneer! Kunt u ons zeggen waar wij een brievenbus vinden?

Meneer:	Ja, daar is er toch eentje!
Peter en Gisela:	Waar?
Meneer:	Daar!
Peter:	Oh, hij is rood!
Gisela:	Daarom hebben wij hem niet kunnen vinden!
Meneer:	Ja, inderdaad, in Nederland zijn de brievenbussen rood. En dan moeten jullie nog opletten. Hier in de stad hebben de brievenbussen twee gleuven. Een voor streekpost, die is alleen voor de omgeving, en een voor de overige bestemmingen.
Gisela:	Dan moeten onze brieven en kaarten in de gleuf voor de overige bestemmingen.
Meneer:	Precies!
Peter:	Hartelijk dank voor de informatie!
Meneer:	Graag gedaan! Dàààg!
Peter en Gisela:	Dàààg!

7. WIE WEET HET ANTWOORD?

1. Wat is het nummer van de Bondsrepubliek?
2. Wie weet het nummer van Nederland?
3. Welke postzegel heb je in Nederland voor een ansichtkaart nodig?
4. Wat betaal je daarvoor in Duitsland?
5. Wat kost in Nederland een postzegel voor een brief?
6. Hoeveel betaal je in de Bondsrepubliek voor een brief tot 20g.?
7. Welke kleur hebben de brievenbussen in Nederland?
8. Waarom hebben brievenbussen in de stad twee gleuven?

9. Wat zijn overige bestemmingen?

10. Is bij jullie het postkantoor de hele dag open?

8. MIJ, ME, ENZ.

Ik zie Jan.	• Hij ziet mij/me.	mij/me:	mir of mich
Jij ziet Jan.	• Hij ziet jou/je.	jou/je:	dir of dich
Hij ziet Jan.	• Hij ziet hem.	hem:	ihm of ihn
Zij ziet Jan.	• Hij ziet haar.	haar:	ihr of sie
Het ziet Jan.	• Hij ziet het.	het:	Ihm of es
Wij zien Jan.	• Hij ziet ons.	ons:	uns of uns
Jullie zien Jan.	• Hij ziet jullie.	jullie:	euch of euch
Zij zien Jan.	• Hij ziet ze.	ze:	ihnen of sie
U ziet Jan.	• Hij ziet u.	u:	Ihnen of Sie

"me", "je" und "ze" sind unbetonte Formen.

9. VUL EEN VORM VAN OEFENING 8 IN

1. Jan koopt kaas. Het is zijn kaas. De kaas is van _____.
2. Tineke koopt appels. Ze koopt _____ .
3. Roy en Melanie zitten in de tuin. Het is hun tuin.De tuin is van _____ .
4. Ik heb een boek voor Jan. Dat boek is voor _____ .
5. Wij hebben tomaten. Het zijn onze tomaten. De tomaten zijn van _____ .
6. Jij geeft Nederlands geld aan je kinderen. Je geeft het aan _____ .
7. De vrouw ziet het huis. Zij ziet _____ .
8. U pakt de boodschappen. U pakt _____ .

9. Jullie kopen de appels. Jullie kopen ______ .

10. Bert, waar ben je? Ik zie ______ niet!

10. ***ZULLEN*** ➤ **werden** ➤ ***WORDEN***

ik	zal zal jij?
jij	zult
hij	zal
zij	zal
het	zal
wij	zullen
jullie	zullen
zij	zullen
u	zult

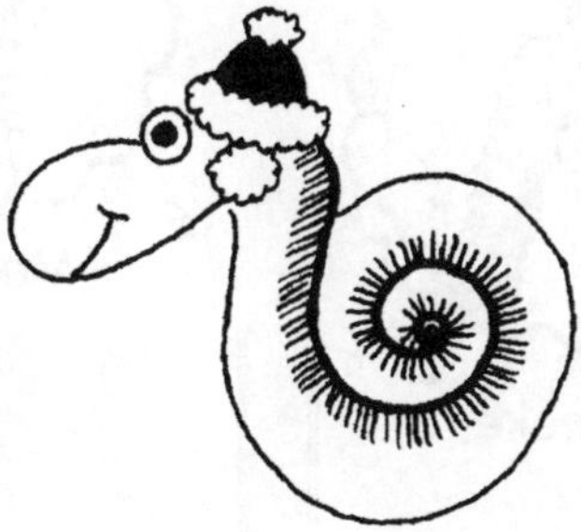

ik	word word jij?
jij	wordt
hij	wordt
zij	wordt
het	wordt
wij	worden
jullie	worden
zij	worden
u	wordt

Dus:
Ik word chauffeur *Ich werde Fahrer*
Ik zal komen *Ich werde kommen*

11. VUL IN: ZULLEN OF WORDEN

1. Ik ______ een ansichtkaart sturen.
2. U ______ slager of u ______ bankbediende.
3. ______ jij ober in een restaurant?
4. Hij ______ vanavond naar de Chinees gaan.
5. Wij ____________ zelf een menu samenstellen.
6. De automotor ______ te heet als je in de file staat.
7. ____________ jullie in Alkmaar nog op tijd een hotel vinden?
8. Oma ______ vandaag tachtig jaar. Ik ______ haar met haar verjaardag feliciteren.
9. ______ zij de brievenbus in Nederland kunnen vinden?
10. De groene tomaat ______ een rode tomaat.

12. WAT ZEGGEN TINEKE EN OMA?

Met mevrouw de Boer!

Dag oma: met Tineke.

Hoe gaat het met u?

Van harte gefeliciteerd met uw verjaardag!

Wat heeft u vandaag gedaan?

LES 8. OP VAKANTIE

1. *VAKANTIEPLANNEN*

Ulrike: Wij moeten nu toch eens plannen gaan maken voor onze vakantie.

Mevrouw Blek: Ik wil wel graag naar Nederland. In de cursus op de volksuniversiteit heb ik nu een beetje Nederlands geleerd en ik wil graag weten of de Nederlanders me kunnen verstaan.

Meneer Blek: Dat is een prima idee! Ik heb wel zin om naar het strand in Noord-Holland te gaan.

Ulrike: Ik ook! Maar wat gaan we doen? Gaan we naar een hotel of pension, zoeken we een camping of huren we een huisje of een boot?

Meneer Blek: Dat zijn allemaal leuke mogelijkheden. Maar hoe krijgen we de nodige informatie?

Mevrouw Blek: Wij kunnen naar de VVV schrijven. VVV-kantoren vind je bijna overal in Nederland en het adres is eenvoudig: aan het VVV-kantoor en dan de plaats.

Meneer Blek: Maar ik wil graag inlichtingen over verschillende plaatsen.

Mevrouw Blek: De lerares van onze cursus Nederlands heeft verteld, dat er in Keulen een Nederlands kantoor voor toerisme bestaat. Dat verzendt ook informatie.

Meneer Blek: Goed, dan sturen we er toch een brief heen! Heb je het adres?

Mevrouw Blek: Ja, ik heb het net gepakt:

Ulrike: Heb je misschien ook het telefoonnummer?

Mevrouw Blek: Ja, dat heb ik aan de lerares gevraagd. Hier is het: 0221-236262.

Meneer Blek: Goed, dan bel ik direct op en vraag om inlichtingen over vakanties in Noord-Holland.

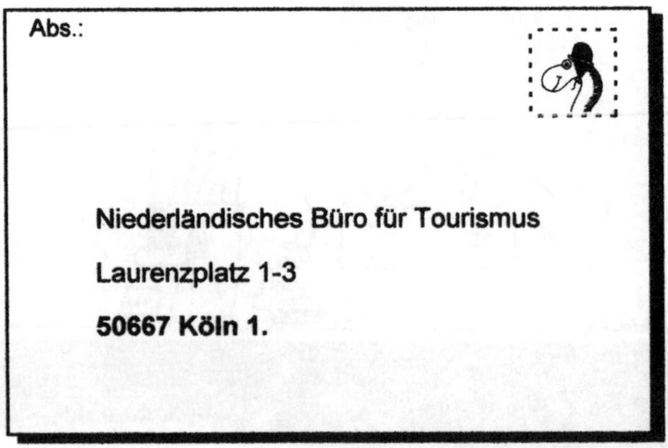

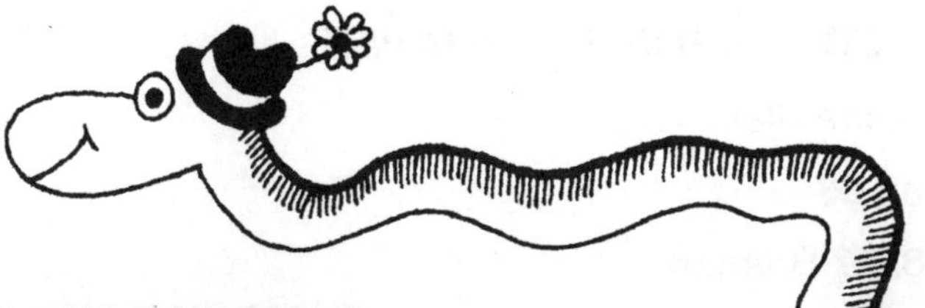

2. *ZET IN HET MEERVOUD*

1. Meneer Timm vraagt aan zijn vrouw waar het paspoort is.
2. We kopen het kaartje op het station van Alkmaar.
3. De strippenkaart kun je ook in de bus kopen.
4. Wij zien de champignon in de supermarkt.
5. Bert en Marianne eten geen aardappel; ze eten liever een gehaktbal.
6. Het biefstukje van deze slager is lekker!
7. Wij willen graag 2 kilo appel en 1 kilo banaan, meneer!
8. De plant in de bank staat naast het loket.
9. De bus stopt voor het station.
10. De toerist krijgt de folder van de VVV.
11. In de bank kun je geld wisselen.

3. ZO SCHRIJF IK EEN BRIEF

Marianne Blek — 30 april 1997

Irrweg 13

D-28217 Bremen

Aan de VVV
Alkmaar
Nederland

Dames en heren,

Naar aanleiding van de inlichtingen die wij van het Nederlands bureau voor toerisme in Keulen hebben ontvangen, hebben wij besloten om onze vakantie in de buurt van Alkmaar door te brengen.

Wij zouden het op prijs stellen, als u ons informatie over de stad en de kuststreek kunt sturen.

Wij denken daarbij vooral aan inlichtingen over de watersport en de bezienswaardigheden in de omgeving.

Voor ons gezin zou ik graag een camping willen bespreken waar voor onze kinderen - ze zijn 13 en 15 jaar - enige activiteiten georganiseerd worden.

Kunt u ons een prospectus van de kampeerterreinen sturen? Dat zou onze keuze een stuk makkelijker maken.

Verder zouden we graag willen weten hoe duur het is om een zeilboot voor een week te huren.

Voor een spoedig antwoord dank ik u bij voorbaat.

Met vriendelijke groeten,

Marianne Blek

4. *OP DE BOOT*

Heinrich: Kijk, Melanie! De VVV uit Alkmaar heeft inlichtingen gestuurd. Nu kunnen wij onze watersportvakantie in Nederland plannen.

Melanie: Wat een mogelijkheden hebben ze samengesteld! Nederland is toch een echt watersportparadijs! Je kunt daar zeilen, surfen of met een motorjacht rondvaren. Bijna overal kun je boten, surfplanken of zelfs een boot met een schipper huren.

Heinrich: Ja, dat is waar. Vooral zo'n waddenzwerftocht lijkt me wel wat. Zeilend zwerven over de wadden. En als de schipper het schip bij eb droog laat vallen, kun je de zeldzame dieren en planten van het unieke waddengebied zien.

Melanie: Heinrich, zullen we dat dan maar doen? Je hebt zo enthousiast over de wadden verteld, dat ik daar nu ook graag heen wil gaan!

Heinrich: Goed, dan boek ik meteen morgen zo'n zwerftocht voor 7 dagen!

5. *VERLEDENTIJDSVORMEN (IMPERFEKT UND PERFEKT)*

- Bei den regelmäßigen Verben wird das Imperfekt aus ***Stamm + "te(n)"*** oder ***"de(n)"*** gebildet.
- Den Stamm finden wir, indem wir von dem ganzen Verb "en" weglassen.
- Endet der Stamm auf ***"t, k, f, s, ch, p"*** (**'t k^{o}fsch^{i}p**), dann schreiben wir das Verb am Ende mit ***"t"***.
  In allen anderen Fällen schreiben wir ein ***"d"***.

maken
Stamm: maa***k***
ik maak***te***

bellen
Stamm: be***l***
ik bel***de***

- Das Perfekt wird mit ***"hebben"***oder ***"zijn"*** gebildet.
- Die Schreibweise richtet sich genau wie im Imperfekt nach dem Stamm des Verbes (**'t k^{o}fsch^{i}p**).
- Verben, die im Deutschen im Perfekt mit der Vorsilbe ***"ge"*** gebildet werden, bekommen auch im Niederländischen die Vorsilbe ***"ge"***.

bellen — ik heb ***ge***beld

- Darüber hinaus bekommen im Niederländischen auch alle Verben die Vorsilbe ***"ge"***, die auf ***"eren"*** enden

telefon***eren*** — ik heb ***ge***telefoneerd

6. ZET IN HET "PERFEKT" EN IN HET "IMPERFEKT"

Voorbeeld:

Jan leert Nederlands. ⇨ Jan ***heeft*** Nederlands ***geleerd***.
Jan ***leerde*** Nederlands.

1. Tineke drukt op de bel.
2. Wij wonen al veertig jaar in Alkmaar.
3. Praat je over je vakantieplannen?
4. Jullie reserveren bij de VVV een hotel in de middenklasse.
5. Het eten bij de Chinees smaakt u erg goed.
6. Meneer Blokker moppert op de bediening in dit dure restaurant.
7. Bestel jij bij de slager vijf karbonades voor zaterdag, Jaap?
8. Bert telefoneert erg lang vandaag.
9. Zij sturen de man naar de garage aan de rechterkant van de weg.
10. Barbara stapt in de snackbar en bestelt een nasibal en twee kroketten.
11. U haalt uw auto vanmiddag bij de garage.
12. Ruud betaalt het eten dat Marianne bij de Chinees haalt.
13. Roy en Melanie reserveren een tafel in het restaurant.
14. Heinrich boekt een zwerftocht over de wadden.
15. Huren jullie een zeilboot voor de vakantie?
16. Manfred probeert naar Duitsland te telefoneren.
17. Gooit u met de dobbelstenen?

7. *HET WEERBERICHT*

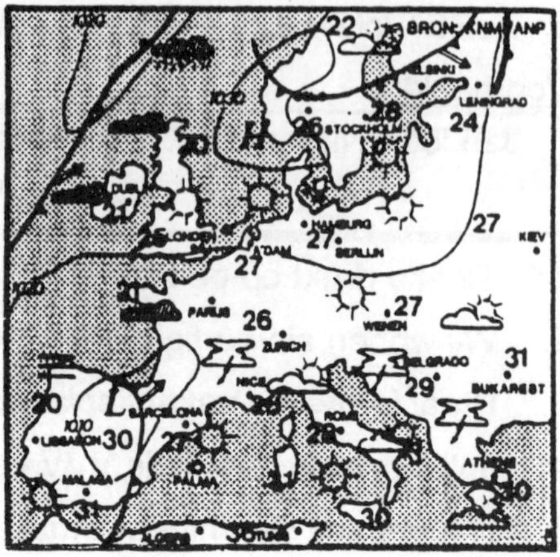

In het hele land is het vandaag onbewolkt en zonnig.

Gisteren was het in het oosten bewolkt en het weer was wisselvallig. Perioden met zonneschijn werden door regenbuien afgewisseld.

Rond een hogedrukgebied boven de Noordzee wordt droge lucht uit het westen naar ons land gevoerd.

De temperatuur zal vanmiddag een paar graden hoger worden dan gisteren. In het noorden loopt de temperatuur op tot 25 graden. In het zuiden zal de temperatuur zelfs oplopen tot 27 graden.

De weersverwachting voor morgen: iets warmer en meer wind. Aan de kust geldt een waarschuwing voor windkracht 6.

Gistermiddag was het in het noorden van Duitsland zwaar bewolkt en 15 graden. In Oostenrijk en Beieren regende het. Dit slechtweergebied vormt vanaf morgen een bedreiging voor ons mooie weer.

8. *MAAK EEN WEERBERICHT*

Maak een weerbericht voor Duitsland. Beschrijf het weer van gisteren, vandaag en morgen. Maak gebruik van je fantasie.

LES 9. OOK DAT NOG!!!

1. EEN ZERE VOET

Vader: We hebben het gevonden. Hier moeten we zijn. Kijk daar hangt het bordje met "Dr. P. Leister, huisarts".

Jan: Prima, pa, dat je het zo snel gevonden hebt! Mijn voet doet zo'n pijn!

TRRR.....IIIII.....NGGGG

Dokter: Goedemiddag, wat kan ik voor u doen?

Vader: Mijn zoon is aan het strand in een schelp getrapt. Het moet een tamelijk diepe snee zijn, want het bloedde behoorlijk.

Dokter: Kom binnen en ga hier maar zitten, dan zal ik eens kijken.

Vader: Is het erg dokter?

Dokter: Ik moet de wond eerst schoonmaken en desinfecteren. Dan kan ik het beter zien.

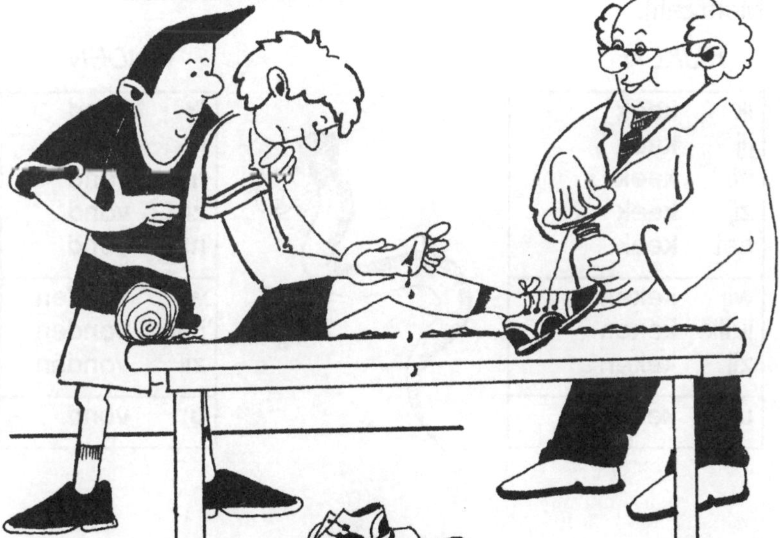

Vader: Zet je tanden maar even op elkaar, Jan, want het brandt wel even.

Dokter: Jan, dat valt wel mee. Ik hoef de wond niet te hechten, een pleister erop en dan ben je de schrik zo vergeten.

Jan: Dokter, moet ik mijn tanden nog op elkaar zetten?

Dokter: Nee hoor, dat branden is nu wel over.

Vader: Zeg dokter, wat krijgt u van ons?

Dokter: Dat is f 50,-. Als u wilt kunt u ook met een cheque betalen.

Vader: Verdraaid, nou heb ik in de haast mijn portemonnee ook nog thuis laten liggen. Hé, Jan het is niet onze dag vandaag!

Jan: Nou, pa, het had veel erger gekund. Ik mag toch weer naar het strand en dat is de hoofdzaak!

2. *ONREGELMATIGE VERLEDENTIJDSVORMEN*

Es gibt zwei Formen, eine für die Einzahl und eine für die Mehrzahl.

KIJKEN

ik	keek
jij	keek
hij	keek
zij	keek
het	keek
wij	keken
jullie	keken
zij	keken
u	keek

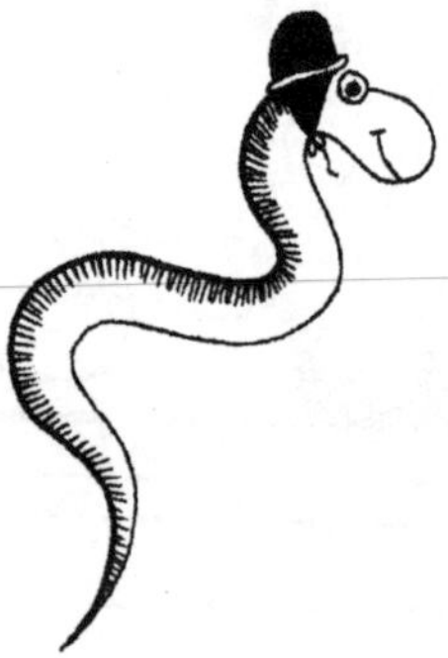

VINDEN

ik	vond
jij	vond
hij	vond
zij	vond
het	vond
wij	vonden
jullie	vonden
zij	vonden
u	vond

3. *KIJKEN, KEEK/KEKEN, IK HEB GEKEKEN*

kijken	keek/keken	ik heb gekeken
krijgen	kreeg/kregen	ik heb gekregen
rijden	reed/reden	ik heb gereden
vergeten	vergat/vergaten	ik heb vergeten ik ben vergeten
eten	at/aten	ik heb gegeten
nemen	nam/namen	ik heb genomen
vinden	vond/vonden	ik heb gevonden
drinken	dronk/dronken	ik heb gedronken
moeten	moest/moesten	ik heb gemoeten
komen	kwam/kwamen	ik ben gekomen
zien	zag/zagen	ik heb gezien
doen	deed/deden	ik heb gedaan
gaan	ging/gingen	ik ben gegaan
weten	wist/wisten	ik heb geweten
laten	liet/lieten	ik heb gelaten
lopen	liep/liepen	ik heb gelopen
zitten	zat/zaten	ik heb gezeten
worden	werd/werden	ik ben geworden

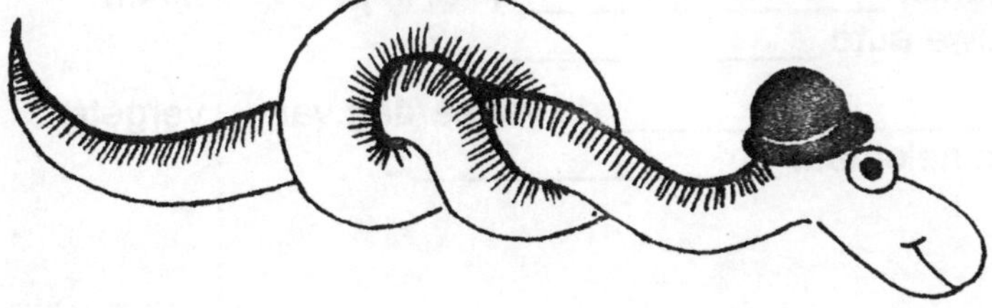

4. *VERLEDENTIJD: VUL DE JUISTE VORM IN*

1.	Tineke ______________ naar de snackbar.	gaan
2.	Jan ______________ vandaag te laat ______________	komen
3.	Meneer Blek ______________ een brief van de VVV uit Amsterdam.	krijgen
4.	Ik ______________ Melanie en Roy aan de grens ______________	zien
5.	Barbara ______________ Manfred een uur op zijn eten wachten.	laten
6.	Het verhaal van Marianne over haar vakantie in Nederland ______________ erg ______________	overdrijven
7.	Mevrouw Dekker ______________ in haar portemonnee en ______________ een briefje van tien.	kijken vinden
8.	De familie Timm ______________ over de Afsluitdijk naar Alkmaar.	rijden
9.	Bert ______________ suiker in zijn koffie ______________	doen
10.	Wij ______________ op de boot en ______________ een frikandel.	zitten eten
11.	______________ jij ook een glas chocomel, Tineke?	drinken
12.	Melanie, ______________ je al in je nieuwe auto ______________?	rijden
13.	Wij ______________ de verjaardag van oma helemaal ______________	vergeten

14. ________________ u gisteren naast Ruud, meneer Dekker?	lopen
15. Astrid ________________ de boodschappen die ze in de supermarkt ________________ kopen.	vergeten moeten
16. Manfred ________________ een brief van de familie Blokker ________________.	krijgen
17. Oma ________________ gisteren tachtig ________________.	worden
18. Hij ________________ goed de weg in Noord-Holland.	weten
19. Meneer Blek ________________ tien dagen vakantie ________________.	nemen
20. Bert en Marianne ________________ met de bus naar Artis ________________.	gaan

5. BIJ DE APOTHEKER

Apotheker: Dag, mevrouw! Wat kan ik voor u doen?

Melanie: Ik heb voor u een recept van de dokter.

Apotheker: Eens even kijken, mevrouw. Hmmm, dat heb ik niet klaarstaan. Het kan wel een half uurtje duren voor we het klaar hebben. Als u wilt, kunt u hier wachten.

Melanie: Ik denk, dat ik eerst een paar boodschappen ga doen. Tot straks, meneer!

Apotheker: Ja, tot straks, mevrouw!

Apotheker: Dag, mevrouw! Hier heeft u uw drankje. Dat is dan f 12,75, mevrouw.

Melanie: Mijn dochter is ziek, ze heeft zo'n last van haar keel, heeft u geen drankje voor haar?

Apotheker: Ik kan u wel wat honingdrop meegeven. Pillen en drankjes mogen we alleen op recept afgeven, mevrouw.

Melanie: En aspirine?

Apotheker: Aspirine kunt u natuurlijk ook zonder recept krijgen.

Melanie: Geeft u mij dan maar 1 doosje aspirine en 250 gram honingdrop.

Apotheker: Dat is dan precies f 20,--, mevrouw.

Melanie: Alstublieft, meneer! En tot ziens!

Apotheker: Dank u wel en tot ziens, mevrouw!

6. ONTKENNING (VERNEINUNG)

- Ga je mee naar het strand?
  ⇨Ja, ik ga mee.
  ⇨***Nee***, ik ga ***niet*** mee.
- Heeft u aspirine?
  ⇨Ja, ik heb aspirine.
  ⇨***Nee***, ik heb ***geen*** aspirine.

"geen" ist in der niederländischen Sprache unveränderlich!!!!!!

7. ANTWOORD MET "JA" EN MET "NEE"

1. Ga jij in de vakantie naar Amsterdam?
2. Eet je een loempia bij de Chinees?
3. Schrijf je naar de VVV in Alkmaar?
4. Slapen jullie vannacht in een duur hotel?
5. Werd de automotor op de Afsluitdijk te heet?
6. Kregen jullie een plattegrond bij de VVV?
7. Kent u het nummer van de Bondsrepubliek?
8. Kan het meisje de brievenbus vinden?
9. Is Jan vandaag te laat gekomen?
10. Heeft Jan pijn in zijn voet?
11. Ligt de zieke in het ziekenhuis?

8. MAAK EEN DIALOOG

Werk met een groepje van drie. Een echtpaar komt bij de dokter. De man of de vrouw is in een schelp getrapt en heeft een snee in zijn/haar voet.

Speel de dialoog.

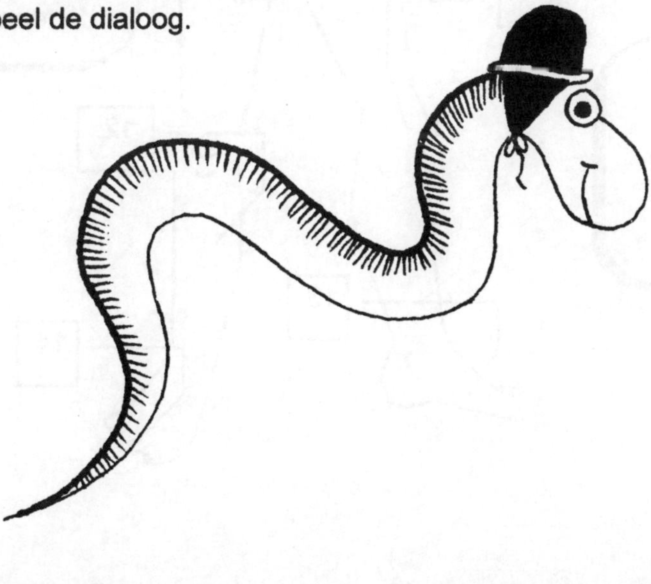

9. *HET MENSELIJK LICHAAM*

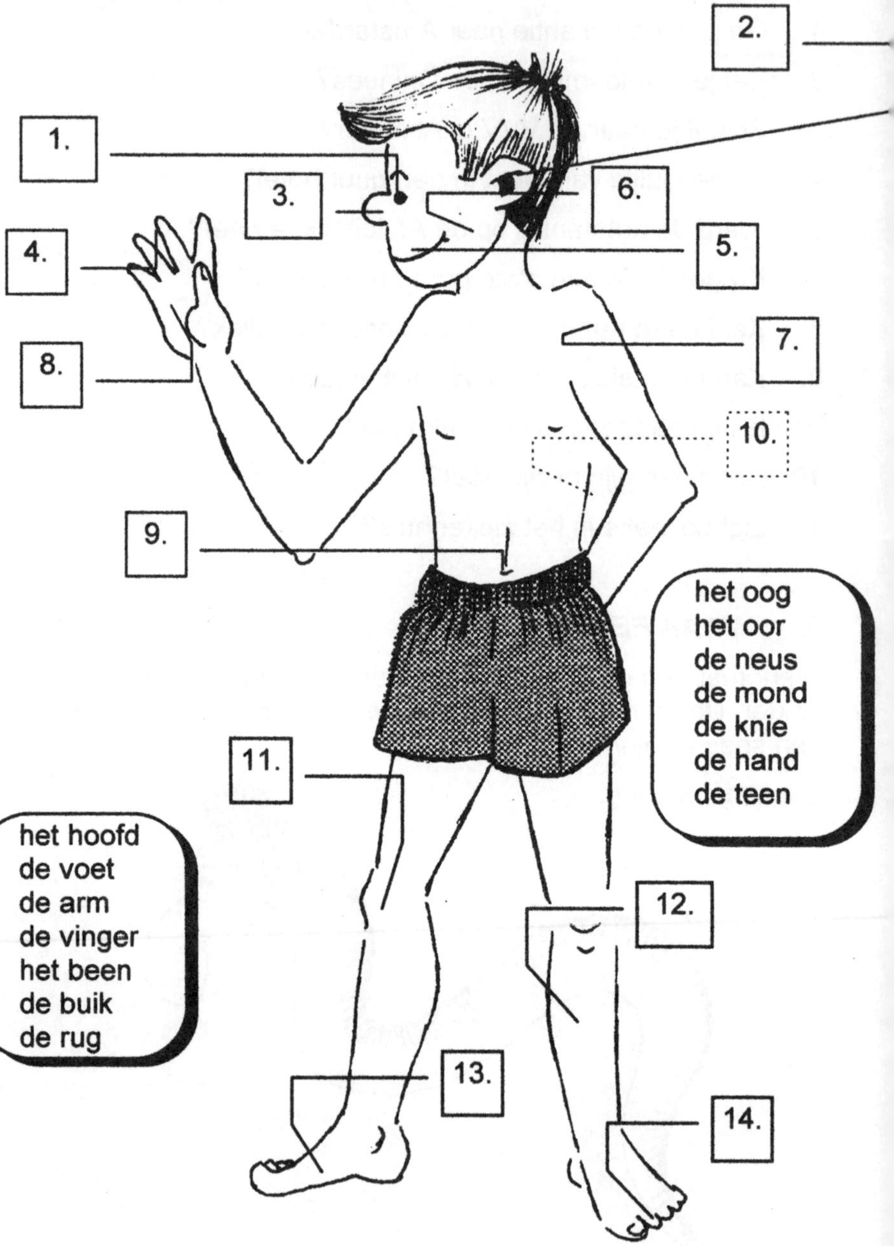

het oog
het oor
de neus
de mond
de knie
de hand
de teen

het hoofd
de voet
de arm
de vinger
het been
de buik
de rug

LES 10. AAN HET STRAND

1. WE HUREN

Mevrouw Blek: Kijk! Het Niederländische Büro für Tourismus heeft ons een folder gestuurd over bungalows in Nederland. Er zijn meer dan 500 bungalowparken.

Meneer Blek: Prima! Dan kunnen we nu voor juli of augustus een huisje huren. Het wordt ook tijd.

Mevrouw Blek: Ja, dat denk ik ook! Wij willen toch naar het strand in Noord-Holland en voor de zomer zijn de huizen in de bungalowparken vroeg volgeboekt.

Meneer Blek: Hier heb ik het al: adressen voor het huren van bungalows in Noord-Holland.

Mevrouw Blek: Laten we toch naar Bergen gaan. Ik heb gehoord, dat die plaats erg mooi is. En dan zoeken we een huisje dicht bij het strand.

Meneer Blek: Goed, maar hoe moeten we dat nu doen?

Mevrouw Blek:	Er zijn twee mogelijkheden. We kunnen direct de verhuurders opbellen of we bellen de VVV in Bergen op om voor ons te laten reserveren.
Meneer Blek:	Dat is toch makkelijk! We geven bij de VVV onze wensen op: een bungalow voor 4 personen, met 2 slaapkamers, in juli of augustus, september kan desnoods ook nog, dicht bij het strand, met wasmachine, douche en keuken. Als de VVV dat voor ons reserveert, dan hoeven we zelf niet zo veel te telefoneren.
Mevrouw Blek:	Je hebt gelijk, dat is makkelijk, maar de VVV vraagt er wel geld voor.
Meneer Blek:	Goed, als je dat geld niet wilt uitgeven dan schrijf of bel je maar.
Mevrouw Blek:	Ja, dat wil ik doen. Op die manier kan ik misschien mijn Nederlands nog een beetje verbeteren!

2. EEN TELEFOONGESPREK

Je belt het bungalowpark op en informeert over alles wat je moet weten voordat je een bungalow gaat huren.

3. DE FIETSVAKANTIE

Schrijf een brief naar de VVV in Alkmaar. Je wilt verschillende dingen precies weten.

- Hoe zijn de kamers ingericht?
- Is er een wasmachine in het hotel voor de gasten?
- Hoeveel kinderen kunnen op een kamer?
- Moet je de huur van te voren betalen?
- etc.

Vraag verder of het mogelijk is een kamer in juli of augustus te huren en hoeveel je dan moet betalen.

ALKMAAR FIETSVAKANTIE
door polder en duinen

Dat de omgeving rondom Alkmaar zich uitstekend leent voor fietstochten is geen verrassing. Ten zuid-oosten strekken zich immers de oude polders de Schermer en de Beemster uit terwijl ten westen het uitgestrekte duingebied met intieme badplaatsen ligt. Voor iedere dag staat er een andere fietstocht op het programma waarin u de regio echt leert kennen en u ook wat tijd overhoudt om het historische Alkmaar te bezoeken.

Geldigheidsduur:
het hele jaar

Arrangementsduur:
A: 4 dagen/3 nachten
B: 5 dagen/4 nachten
C: 8 dagen/7 nachten

Aankomst:
iedere dag van de week

Accommodatie:
u heeft een kamer met douche en toilet in een twee sterren hotel in Alkmaar

Verzorging: halfpension

Dagafstand: 25 - 55 km

Kinderen:
tot 10 jaar 50 % korting mits slapend op kamer van 2 volwassenen

Inclusief:
- routebeschrijvingen
- fietshuur
- toegangskaart PWN duingebied
- informatiepakket

Toeslag eenpersoonskamer:
fl 25,- p.p.p.n.

Eigen fiets korting:
fl 25,- p.p.

PRIJS:

A
f 310 p.p.

B
f 410 p.p.

C
f 645 p.p.

4. GROETJES VAN HET STRAND

Bergen aan Zee, ...

Beste Bert,

We zijn toch niet naar de bergen, maar naar zee gegaan en dat is maar goed ook. Het weer is fantastisch. Op zondag regende het een beetje, maar vanaf maandag zijn we de hele dag op het strand geweest. Als de kinderen niet in het water waren, bouwden ze zandkastelen, verzamelden ze schelpen of maakten een wandeling, waarbij ze gekke dingen zochten die aangespoeld waren. Gisteren, dus woensdag, zijn we bij de vuurtoren geweest. Bij de vissers in de haven van IJmuiden kochten we verse vis. Je hoeft er niet zoveel geld voor te geven als in de winkel.

Roy ligt meestal lui in de zon en leest erg veel. Hij schrijft geen brieven en gaat alleen zwemmen als er hoge golven zijn. Soms houdt hij de kinderen voor de gek. Gisteren vertelde hij ze, dat hij een zeeslang gezien had. De kinderen lachten hem natuurlijk uit. Ze vinden dat leuk en verzinnen zelf dan ook verhalen.

De kinderen komen net van een wandeling terug. Ze hebben een zeepaling - of is het een worm? meegebracht. Ik stop met schrijven; dat moet ik even zien!

Tot volgende week.

Groetjes

Melanie

5. *SCHRIJF EEN DAGBOEKNOTITIE*

Schrijf een dagboeknotitie over een dag in de vakantie

6. *SCHRIJVEN*

ik	schrijf
	schrijf jij?
jij	schrijft
hij	schrijft
zij	schrijft
het	schrijft
wij	schrijven
jullie	schrijven
zij	schrijven
u	schrijft

LEZEN

ik	lees
	lees jij?
jij	leest
hij	leest
zij	leest
het	leest
wij	lezen
jullie	lezen
zij	lezen
u	leest

Am Ende des Wortes schreibt man in der niederländischen Sprache nie ein "v" oder ein "z". Dies gilt auch, wenn ein "t" folgt.

7. *VUL DE JUISTE VORM IN VAN "LEZEN" EN "SCHRIJVEN"*

1. Ik __________ een brief aan Manfred.
2. Een paar dagen later __________ Manfred de brief.
3. Nu __________ hij een brief aan mij.
4. Weer een paar dagen later __________ ik zijn brief.
5. Wij _____ de speciale aanbiedingen van de supermarkt.
6. De VVV ____ folders om de toeristen de weg te wijzen.
7. De toeristen __________ de folders die ze van de VVV krijgen.

8. Barbara _____ in Alkmaar het adres van haar oma op de ansichtkaart van de kaasmarkt.

9. Marianne _____ in dit boek het recept voor de hutspot.

8. KAMPEREN

Bert: Zo, daar zijn we! Leuk hier, hè! Zullen we eerst een beetje op de camping rondkijken of eerst het tentje opzetten?

Marianne: Eerst het tentje opzetten, want vanmiddag hebben we nog tijd genoeg om rond te kijken. Bovendien ben ik nieuwsgierig of het goed gaat omdat we allebei nog nooit een tent opgezet hebben.

Bert: Met ons kleine tentje zullen we het wel redden. Goed, laten we de tent uitpakken. Eerst de tentstokken, hier zijn de haringen. Oh, hier is de handleiding.

Marianne: Hebben we die nodig?

Bert: We proberen het eerst zo. Marianne, geef me alsjeblieft een tentstok.

Marianne: Red je het?

Bert: Zeker! Zo, nu de haringen. Begin jij aan de andere kant de haringen in de grond te slaan?

Marianne: Bert, ik geloof dat er een haring ontbreekt. Ja, één...nee, twee zijn er te weinig!

Bert: Hoe kan dat nou? Het geeft niet, we gaan twee stokjes in het bos zoeken.

Marianne: Hier liggen stokjes onder de boom!

Bert: Prachtig! Zo, ons tentje staat. Goed, hè! Nu een kopje koffie! Ik ga even de primus uit de auto halen. Haal jij water?

Marianne: Niet nodig, want het begint te regenen!

Bert: En nu?

Marianne: We maken het tentje dicht en gaan koffie drinken.

Bert: Een goed idee!

Een uur later zijn ze terug.

Marianne: Bert, wat is dat nou?

Bert: Dat is een plas.

Marianne: En waarom staat er water in onze tent?

Bert: Omdat ik de tent niet geïmpregneerd heb. Wat doen we nu?

Marianne: Vannacht slapen we in de auto en laten we hopen dat morgen de zon schijnt!

9. VERTEL

Vertel wat je zelf bij het kamperen beleefd hebt.

10. DE VERLEDEN TIJD VAN "HEBBEN" UND "ZIJN"

ik	had
jij	had
hij	had
zij	had
het	had
wij	hadden
jullie	hadden
zij	hadden
u	had

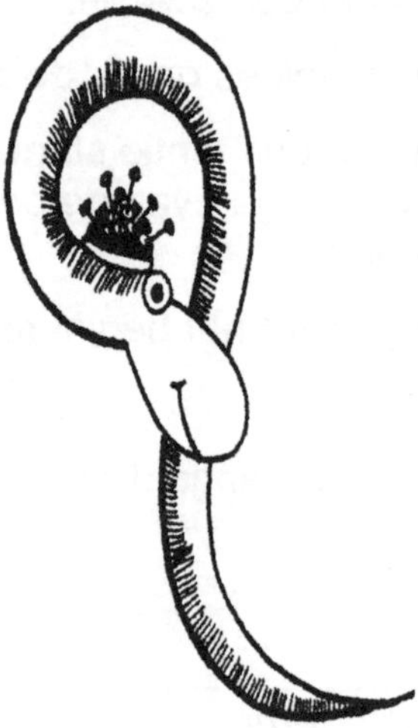

ik	was
jij	was
hij	was
zij	was
het	was
wij	waren
jullie	waren
zij	waren
u	was

ik heb gehad

ik ben geweest

11. VUL IN: "HEBBEN" OF "ZIJN"

Voorbeeld:

Zij is in Alkmaar. Zij ***was*** in Alkmaar.
Zij ***is*** in Alkmaar ***geweest***.

1. Ze hebben geen bier in de supermarkt.
2. De ANWB is heel gauw bij ons.
3. We hebben een hotel in Bergen aan Zee.
4. Heb jij de brieven en kaarten al klaar?
5. Ik heb pijn in mijn vinger.
6. Het postkantoor is 's middags tot zes uur open.
7. Marianne en Barbara zijn de hele morgen op de markt in Alkmaar.

8. De auto van Roy en Melanie is wit.

9. Heeft u trek in een kroket of een frikandel?

10. Bent u in augustus op vakantie in Noord-Holland?

12. VUL DE DAGEN VAN DE WEEK IN

WOORDENLIJST **WÖRTERLISTE**

Les 1

	les	- Lektion
	dag allemaal	- Tag zusammen
1.	de begroeting	- die Begrüßung
	goedemorgen	- guten Morgen
	goedemiddag	- guten Tag
	goedenavond	- guten Abend
	meneer	- Herr
	goedenavond, meneer*	- guten Abend (+ mein Herr)
	mevrouw	- Frau
	goedenavond mevrouw	- guten Abend, meine Dame
2.	ik ben	- ich bin
	Wie bent u?	- Wer sind Sie?
	Mijn naam is	- Mein Name ist
	Hoe gaat het met u?	- Wie geht es Ihnen?
	gaan	- gehen
	dank u	- danke
	danken	- danken
	Met mij gaat het goed	- Mir geht es gut
	ook	- auch
	Hoe gaat het met je?	- Wie geht es Dir?
	dank je	- danke
	Hoe gaat het met jou?	- Wie geht es Dir?
	hallo	- hallo
	dag	- Tag
3.	dit is	- dies (hier) ist
	van	- von
	zij is	- sie ist
	de dochter	- die Tochter
	dat is	- das (da) ist
	de vader	- der Vater
	hij is	- er ist

* Im Niederländischen fehlt bei der Begrüßungsformel gewöhnlich der Name. Sie begrüßen sich mit “dag mevrouw/dag meneer”, während im Deutschen in Verbindung mit “Herr/Frau” immer der Name genannt wird.

	de moeder	- die Mutter
	de zoon	- der Sohn
4.	vul in	- fülle aus
	invullen	- ausfüllen, hier: ergänze(n)
5.	de dobbelsteen	- der Würfel
	de dobbelstenen	- die Würfel
7.	iedere groep	- jede Gruppe
	iedereen gooit	- jeder wirft
	een keer	- einmal
	en	- und
	telt	- zählt
	het voorbeeld	- das Beispiel
	plus	- plus
8.	min	- minus
9.	de zin	- der Satz
	maken	- machen, hier: bilden
10.	hoeveel	- wieviel
11.	het afscheid	- der Abschied
	tot ziens	- auf Wiedersehen
	dááág	- Tschüß
	groetjes	- schöne Grüße
	doei	- Tschüß

Les 2

1.	naar	- hier: zu
	de bank	- die Bank
	heb jij?	- hast du?
	hebben	- haben
	nog	- noch
	het geld	- das Geld
	honderd (100)	- hundert
	mark	- Mark
	wij zoeken	- wir suchen
	zoeken	- suchen
	nu	- nun, jetzt
	een	- ein/eine
	daar	- dort, da
	kunnen we	- können wir

	kunnen	- können
	dan	- dann
	wisselen	- wechseln
	waar?	- wo?
	u heeft	- Sie haben
	dank u wel	- danke schön
3.	lees voor	- lies vor
	voorlezen	- vorlesen
	Mevrouw Dekker heeft	- Frau Dekker hat
	ze	- sie
	vragen	- fragen
	Jan vraagt	- Jan fragt
	ze, zij zijn	- sie sind
	in	- in
	Nederlands	- niederländisch
4.	beantwoorden	- beantworten
	de vraag	- die Frage
	wat	- was
	doen	- tun, machen
5.	het bankbiljet	- die Banknote
	de gulden	- der Gulden
	de bankbiljetten	- die Banknoten
	de Nederlander(s)	- der (die) Niederländer
	zeggen	- sagen
	een briefje	- hier: ein Geldschein
	of	- hier: oder
	het tientje	- der Zehn-Gulden-Schein
	blauw	- blau
	rood	- rot
	vijftig	- fünfzig
	geel	- gelb
	bruin	- braun
	tweehonderd vijftig	- zweihundertfünfzig
	paars	- violett
	duizend	- tausend
	groen	- grün
6.	de munt	- die Münze
	de munten	- die Münzen

10.	ik kan	- ich kann
	met een cheque geld opnemen	- einen Scheck einlösen
	daarvoor	- dafür
	u moet	- Sie müssen
	moeten	- müssen
	het loket	- der Schalter
	u kunt	- Sie können
	ja zeker	- gewiß, ja gewiß
	aan de linkerkant	- auf der linken Seite
	achter	- hinter
	die	- hier: jene (diese)
	de grote plant	- die große Pflanze
	groot	- groß
	graag gedaan	- gern geschehen
11.	enzovoort(s) (enz.)	- undsoweiter (usw.)
	wordt	- wird
	worden	- werden
	dus	- also
12.	noemen	- nennen
	het getal	- die Zahl
	de partneroefening	- die Partnerübung
	ga zo verder	- so weitermachen
	de buurman	- der Nachbar
	de buurvrouw	- die Nachbarin
	opschrijven	- aufschreiben
	daarna	- danach
13.	aan het loket	- am Schalter
	de bankbediende	- der/die Bankangestellte
	ik wil graag	- ich möchte gern
	dat kan	- das geht, das ist möglich
	maar	- aber
	wel	- wohl, schon
	uitschrijven	- ausschreiben
	omdat	- weil
	het hoogste bedrag	- der Höchstbetrag
	hoog	- hoch
	per	- je, pro
	ik schrijf uit	- ich schreibe aus

	(alleen) maar; alleen (maar)	- nur
	over	- über
	goed	- hier: in Ordnung
	u wilt	- Sie wollen
	willen	- wollen
	alstublieft	- bitte
	voor	- für
	hier	- hier
14.	de bankautomaat	- der Bankautomat
	invoeren	- einführen
	voer u(w) pas in	- führen Sie Ihre Karte ein
	even geduld a.u.b.	- einen Augenblick bitte
	de pas	- hier: die Karte
	Engels	- Englisch
	Duits	- Deutsch
	Frans	- Französisch
	u wilt	- Sie wollen
	de transactiebon	- der Beleg
	nee(n)	- nein
	intoetsen	- eintippen
	de pincode	- der Pincode
	afsluiten	- abschließen
	de invoer	- die Einfuhr
	ander bedrag	- anderer Betrag
	uitnemen	- herausnehmen
	wachten	- warten
	op	- auf
	de dank	- der Dank
	uw	- Ihr(e)
	het bezoek	- der Besuch

Les 3

	boodschappen doen	- Einkäufe machen
1.	de supermarkt	- der Supermarkt
	de verkoopster	- die Verkäuferin
	de toerist	- der Tourist
	kan ik u helpen?	- kann ich Ihnen helfen?
	graag	- gern
	ik vind	- ich finde

vinden	- finden
men	- man
in het Nederlands	- auf niederländisch
blijven spreken	- weiter sprechen
ik probeer	- ich versuche
proberen	- versuchen
de taal	- die Sprache
te	- zu
leren	- lernen
oh, wat leuk	- oh, wie schön
spreken	- sprechen
de boter	- die Butter
het pak	- die Packung, das Paket
het pakje	- das Päckchen
de margarine	- die Margarine
het pond	- das Pfund
de kaas	- die Käse
het ei	- das Ei
de eieren	- die Eier
hoe heet dit	- wie heißt dies
heten	- heißen
de melk	- die Milch
het blik	- die Dose
het sardientje	- die Sardine
verder nog iets?	- sonst noch etwas?
deze	- diese(r) (s)
het artikel	- der Artikel, die Ware
de hagelslag	- die Zuckerstreusel
de pindakaas	- die Erdnußbutter
geef	- gib
geven	- geben
de pot	- der Topf
alles	- alles
ik moet	- ich muß
betalen	- bezahlen
precies	- genau
hartelijk bedankt	- herzlichen Dank
bedanken	- danken

uw hulp	- Ihre Hilfe
de hulp	- die Hilfe
ik heb geleerd	- ich habe gelernt
veel nieuwe dingen	- viele neue Sachen
nieuw(e)	- neu(e)
het ding	- das Ding, hier: die Sache
3. naar de markt	- zum Markt
zij gaat	- sie geht
daar kun je	- dort kann man
altijd	- immer
de groente	- das Gemüse
het fruit	- das Obst
vers	- frisch
kopen	- kaufen
haar	- ihr
vandaag	- heute
lekkere	- leckere
de snijbonen	- die Schnittbohnen
de rode kool	- der Rotkohl
aanbevelen	- empfehlen
liever	- lieber
lief	- lieb
anders	- hier: anderes
de bloemkool	- der Blumenkohl
de bloemkolen	- die Blumenkohlköpfe
de spinazie	- der Spinat
het kilo	- das Kilo
de aardappel(s)	- die Kartoffel(n)
de ui(en)	- die Zwiebel(n)
de tomaat (tomaten)	- die Tomate(n)
de komkommer(s)	- die Gurke(n)
geen fruit	- kein Obst
nemen	- nehmen
de appel(s)	- der Apfel (die Äpfel)
de mandarijn(en)	- die Mandarine(n)
zonder	- ohne
de pit(ten)	- der Kern (die Kerne)
het bakje	- das Schälchen

	de aardbei(en)	- die Erdbeere(n)
	de bes(sen)	- die Beere(n)
	de champignon(s)	- der (die) Champignon(s)
	duur	- teuer
	genoeg	- genug
	goedkoop	- preiswert, billig
4.	het meervoud	- die Mehrzahl
	de bezem	- der Besen
	de peer	- die Birne
5.	de banaan	- die Banane
6.	de dialoog	- der Dialog
	naar aanleiding van (n.a.v.)	- mit Bezug auf
	de tekst	- der Text
7.	die	- hier: der
	geen cent meer waard	- keinen Pfennig mehr wert
	de bediende	- der/die Angestellte
	terug	- zurück
	te weinig	- zu wenig
	alleen nog	- nur noch
	het papier	- das Papier
	naar boven	- nach oben
	naar beneden	- nach unten
	afronden	- abrunden/aufrunden
	de informatie(s)	- die Information(en)
8.	lees goed	- hier: lies aufmerksam
	de winkel	- der Laden, das Geschäft
	de boodschappen	- die Einkäufe
	de boodschap	- der Einkauf
	kijken	- gucken, schauen
	de portemonnee	- das Portemonnaie
	de schrik	- der Schrecken
	zij ziet	- sie sieht
	zien	- sehen
	zij roept	- sie ruft
	roepen	- rufen
	wat	- hier: etwas
	bij	- bei
	je	- hier: dir

	gelukkig	- hier: Gott sei Dank, glücklicherweise
	een paar	- einige, ein paar
	het paar	- das Paar
	de kassa	- die Kasse
	zij krijgt	- sie bekommt
	krijgen	- bekommen
9.	de slager	- der Fleischer, der Metzger
	de slagerij	- der Fleischerei, der Metzgerei
	zegt u het maar	- hier: bitte sehr!
	speciale (speciaal)	- besondere(s) (r)
	de aanbieding(en)	- das Angebot, (die Angebote)
	hangen	- hängen
	de lijst	- die Liste
	gehakt	- Gehacktes
	het gehakt	- das Gehackte
	de ham	- der Schinken
	maar	- hier: mal
	willen	- wollen
	anders	- hier: außerdem, sonst
	100 gram	- 100 Gramm
	mag het	- darf es
	mogen	- dürfen
	dan	- hier: als
	een ons	- anderer Ausdruck für 100 Gramm
	vaak	- oft
	zo	- so
	dat wordt	- hier: das macht
	samen	- zusammen
	niet	- nicht
	gepast (geld)	- passend, abgezählt
	uitmaken	- ausmachen
	als	- hier: wenn
10.	zelf	- selber
	het vlees	- das Fleisch
	eerst	- hier: zuerst
	de boodschappenlijst	- der Einkaufszettel

12.	winkelen	- Einkäufe machen/ Einkaufbummel machen
13.	vertaal	- übersetze
	vertalen	- übersetzen
	volgende	- nächste
14.	kosten	- kosten
	de stoel	- der Stuhl
	de fiets	- das Rad
	de auto	- das Auto

Les 4

	smakelijk eten	- guten Appetit
1.	de snackbar	- der Imbiß
	ga je mee	- gehst du mit
	meegaan	- mitgehen
	de honger	- der Hunger
	de trek (in)	- der Appetit (auf)
	de loempia	- die Frühlingsrolle
	de kroket	- das Fleischröllchen, die Fleischkrokette
	de 7-up	- eine Art Sprudel
	de frikandel	- eine Art Bratwurst
	de patat, de frites	- die Pommes frites
	de mayonaise	- die Mayonnaise
	de chocomel	- Kurzform für Kakao
	dank je wel	- danke schön
	eet smakelijk	- guten Appetit
	nou, nu	- nun
	bestellen	- bestellen
	toch	- doch
	de soort	- die Art, die Sorte
	de braadworst	- die Bratwurst
	dat klopt	- das stimmt
	de gehaktbal	- die Frikadelle
	al	- schon
	weer	- wieder
	iets nieuws	- etwas Neues
	ik weet (weten)	- ich weiß (wissen)
2.	staan	- stehen

3.	het bed	- das Bett
	een half uur	- eine halbe Stunde
	het uur	- die Stunde
	naast	- neben
	lang	- lange
4.	het restaurant	- das Restaurant
	de ober	- der Ober
	begroeten	- begrüßen
	zitten	- sitzen
	de tafel	- der Tisch
	bij het raam	- am Fenster
	brengen	- bringen
	de persoon	- die Person
	de personen	- die Personen
	vrij	- frei
	vragen (om)	- hier: bitten um
	de jas	- der Mantel
	die	- hier: den, diesen
	de kapstok	- die Garderobe
	de deur	- die Tür
	als	- hier: als
	het aperitief	- der Aperitif
	de droge sherry	- der trockene Sherry
	zijn vrouw	- seine Frau
	de vrouw	- die Frau
	niets	- nichts
	de menukaart	- die Speisekarte
	of	- hier: ob
	de wijnkaart	- die Weinkarte
	houden van	- mögen, lieben
	dat	- hier: daß
	de wijn	- der Wein
	de biefstuk	- das Beefsteak
	de gebakken aardappeltjes	- die Bratkartoffeln
	de gemengde salade	- der gemischte Salat
	de soep	- die Suppe
	vooraf	- vorweg
	de groentesoep	- die Gemüsesuppe

	wat voor (een)	- was für (eine)
	de tomatensoep	- die Tomatensuppe
	de soep van de dag	- die Tagessuppe
	de kippensoep	- die Hühnersuppe
	allebei	- beide
	de schnitzel	- das Schnitzel
	klaar	- fertig
	het eten	- das Essen
	het ijs	- das Eis
	toe	- zu, hier: als Nachtisch
5.	het antwoord	- die Antwort
	gebruiken	- verwenden
	daarbij	- dabei
	het woord	- das Wort
6.	halen	- holen
7.	de juiste vorm	- die richtige Form
	de Chinees	- der Chinese
	verkopen	- verkaufen
	vergeten	- vergessen
	lopen	- gehen
8.	kom	- komm schon, los!
	komen	- kommen
	vanavond	- heute abend
	gaat u zitten	- setzen Sie sich
	gaan zitten	- sich setzen
	drinken	- trinken
	de spa rood	- das Mineralwasser
	pa	- Papa
	het pilsje	- das Bier
	dorst hebben	- Durst haben
	de rijsttafel	- die Reistafel
	samenstellen	- zusammenstellen
	het menu	- das Menü
	denken	- denken
	denken van	- halten von
	de nasi	- das Reisgericht, das Nasi-goreng

	de bami	- das Nudelgericht, das Bami-goreng
	lusten	- mögen
	de haaienvinnensoep	- die Haifischflossensuppe
	de stokjes	- die Stäbchen
	het stokje	- das Stäbchen
	de lepel	- der Löffel
	de vork	- die Gabel
	natuurlijk	- natürlich
	moeilijk	- schwierig
9.	zet(ten)	- setze(n)
	smaken	- schmecken
	opa	- opa
	tegen	- gegen, hier: zu
	welke	- welche(r) (s)
	de krant	- die Zeitung
	liggen	- liegen
	de oom	- der Onkel
	op vakantie	- in Urlaub
	de vakantie	- der Urlaub/die Ferien
	Nederland	- die Niederlande
10.	leest voor	- liest vor
	de linkerkolom	- die linke Spalte
	de rechterkolom	- die rechte Spalte
	aanwijzen	- zeigen
	de tekening	- die Zeichnung
	herhalen	- wiederholen
	aanvullen	- ergänzen
	uit	- aus
	het kopje	- die Tasse
	het glas	- das Glas
	het mes	- das Messer
	de karaf	- die Karaffe
	het bord	- der Teller
	leeg	- leer
	snijden	- schneiden
	lezen	- lesen
	leeg schenken	- ausgießen

dekken	- decken
neerleggen	- (hin)legen
11. het toetje	- der Nachtisch
12. de hutspot	- der Mohrrübeneintopf
het gerecht	- das Gericht
het recept	- das Rezept
de wortel(s)	- die Mohrrübe(n)
snipperen	- schnippeln
de riblap	- das Rippenfleisch
1½, anderhalf	- anderthalb
koken	- kochen
sudderen	- leicht kochen
het mespuntje	- die Messerspitze
het zout	- das Salz
toevoegen	- hinzufügen
apart	- getrennt
afgieten	- abgießen
de peper	- der Pfeffer
kruiden	- würzen
door elkaar	- durcheinander
stampen	- stampfen
het stuk (stukken)	- das Stück (die Stücke)
het sausje	- die Soße
de eetlepel	- der Eßlöffel
de mosterd	- der Senf
de bloem	- das Mehl, Auszugsmehl
het water	- das Wasser
vermengen	- vermischen
eten wat de pot schaft	- essen was auf dem Tisch kommt

Les 5

op reis	- auf Reisen
de reis	- die Reise
1. ging	- ging
de grens	- die Grenze
de grenzen	- die Grenzen
prima	- prima
zo	- hier: sofort
doorrijden	- weiterfahren

	prettig	- angenehm
	helemaal	- ganz und gar, überhaupt
	de controle	- die Kontrolle
	er is	- es gibt
	de douane	- der Zoll
	controleren	- kontrollieren
	het personenvervoer	- der Personenverkehr
	eigenlijk	- eigentlich
	waarom	- warum
	moet je?	- muß man?
	het paspoort	- der Reisepaß
	het identiteitsbewijs	- der Personalausweis
	meenemen	- mitnehmen
	ho	- halt, stopp
	teveel	- zuviel
	in een keer	- auf einmal
	beginnen	- beginnen, anfangen
	je	- hier: dein(e)
	eerste	- hier: erste
	te maken hebben met	- zu tun haben mit
	de eenwording van Europa	- der Zusammenschluß Europas
	de burger	- der Bürger
	de E(uropese) U(nie)	- die E(uropäische) U(nion)
	het land	- das Land
	elkaars grenzen	- ihre gegenseitige Grenzen
	vrij	- ungehindert, frei
	passeren	- passieren, überqueren
	geldig	- gültig
	dragen	- tragen
3.	de bus	- der Bus
4.	koffer pakken	- Koffer packen
	onze	- unser(e)
	de tandenborstel	- die Zahnbürste
	de pyjama	- der Schlafanzug, der Pyjama
	het woordenboek	- das Wörterbuch

doorgaan	- weitermachen
de onderbroek	- die Unterhose
het hemd	- das Hemd
de blouse	- die Bluse
de trui	- der Pullover
de schoen	- der Schuh
het speelgoed	- das Spielzeug
het boek	- das Buch
de fluit	- die Flöte
de aansteker	- das Feuerzeug
de kaars	- die Kerze
de paraplu('s)	- der (die) Regenschirm(e)
de regenjas	- der Regenmantel
de laars	- der Stiefel
het briefpapier	- das Briefpapier
het fototoestel	- der Fotoapparat, die Kamera
de hengel	- die Angelrute
de kam	- der Kamm
het scheerapparaat	- der Rasierapparat, der Rasierer
de jurk	- das Kleid
de broek	- die Hose
de sok	- der Socken
de pen	- der Füller
5. de parkeergarage	- das Parkhaus
mijn	- mein
laten staan	- stehenlassen
laten	- lassen
de tram	- die Straßenbahn
het openbaar vervoer	- der öffentliche Nahverkehr
overal	- überall
heel	- ganz, sehr
snel	- schnell
het station	- der Bahnhof
zeker	- gewiß, bestimmt
het (de) kaartje(s)	- die Karte(n)
het geluk	- das Glück
stoppen	- anhalten, stoppen

	vlak	- hier: kurz
	hem	- ihn, ihm
	instappen	- einsteigen
	Artis	- Zoo in Amsterdam
	overstappen	- umsteigen
	de chauffeur	- der Fahrer
	blijven zitten	- sitzenbleiben
	uitstappen	- aussteigen
	de strippenkaart(en)	- der/die Sammelfahrschein(e) die Mehrfahrtenkarte(n)
	werken	- hier: funktionieren
	even	- einen Augenblick, eben
	de zone(s)	- die Zone(n)
	de basisstrip(pen)	- die Basisstreife(n)
	nodig hebben	- brauchen
	de lijn	- die Linie
	de bushalte	- die Bushaltestelle
6.	de fles(sen)	- die Flasche(n)
	me	- Kurzform für mir/mich
7.	de dag	- der Tag
	de maand	- der Monat
	het jaargetijde	- die Jahreszeit
	de week	- die Woche
	het jaar	- das Jahr
	de maandag	- der Montag
	de dinsdag	- der Dienstag
	de woensdag	- der Mittwoch
	de donderdag	- der Donnerstag
	de vrijdag	- der Freitag
	de zaterdag	- der Samstag, der Sonnabend
	de zondag	- der Sonntag
	januari	- Januar
	februari	- Februar
	maart	- März
	april	- April
	mei	- Mai
	juni	- Juni
	juli	- Juli

	augustus	- August
	september	- September
	oktober	- Oktober
	november	- November
	december	- Dezember
	de lente	- der Frühling
	de zomer	- der Sommer
	de herfst	- der Herbst
	de winter	- der Winter
8.	morgen	- morgen
	gisteren	- gestern
	was	- war
	overmorgen	- übermorgen
	eergisteren	- vorgestern
	overblijven	- übrigbleiben
	wanneer	- wann
10.	blij	- froh
	rijden	- fahren
	vertellen	- erzählen, sagen
	het verhaal	- die Geschichte
	het plaatje	- das Bild
	de autosnelweg	- die Autobahn
	opeens	- auf einmal
	het benzinestation	- die Tankstelle
	de benzinepomp	- die Zapfsäule
	ontdekken	- entdecken
11.	stappen	- gehen, steigen
13.	het kwartetten	- das Quartettspiel
	uitknippen	- ausschneiden
	spelen	- spielen
	veel plezier	- viel Vergnügen

Les 6

1.	de pech	- das Pech
	onderweg	- unterwegs
	de zee	- das Meer, die See
	verlopen	- verlaufen, ablaufen
	voorspoedig	- hier: problemlos, reibungslos

midden	- mitten
de Afsluitdijk	- der Abschlußdeich
de automotor	- der Automotor
heet	- heiß
meteen	- sofort
de motorklep	- die Motorhaube
opendoen	- aufmachen
mopperen	- meckern, schimpfen
verdorie	- verflixt
gebeuren	- geschehen
Wat is er aan de hand?	- Was ist los?
de slang	- der Schlauch
tussen	- zwischen
de radiateur	- der Kühler
de motor	- der Motor
lekken	- undicht sein, lecken
meevallen	- nur halb so schlimm sein
op zich	- eigentlich, an und für sich
erg	- hier: schlimm
het lid	- das Mitglied
de wegenwacht	- die Straßenwacht, die Pannenhilfe
ons	- uns
dichtplakken	- zukleben, flicken
dicht	- dicht, hier: zu
betekenen	- bedeuten, heißen
de letter	- der Buchstabe
de ANWB	- der niederländische Motorclub
algemeen	- allgemein
de wielrijder	- der Radfahrer
de bond	- der Bund
laat	- spät
intussen	- inzwischen
kwart voor	- Viertel vor
het hotel	- das Hotel
het pension	- die Pension
geen	- kein
het probleem	- das Problem

	de Vereniging voor Vreemdelingenverkeer	- der Verkehrsverein
	het kantoor	- das Büro
	bijvoorbeeld	- zum Beispiel
	over	- über
	de stad	- die Stadt
	de omgeving	- die Umgebung
	de bezienswaardigheid	- die Sehenswürdigkeit
	de bezienswaardigheden	- die Sehenswürdigkeiten
	cultureel	- kulturell
	de activiteit(en)	- die Aktivität(en)
	opnoemen	- nennen, hier: aufzählen
	de plattegrond	- der Stadtplan
4.	de medewerker	- der Mitarbeiter
	vannacht	- heute nacht
	de nacht	- die Nacht
	de hotelkamer	- das hotelzimmer
	reserveren	- reservieren
	de prijsklasse	- die Preisklasse
	de middenklasse	- die Mittelklasse
	bellen	- anrufen
	in orde	- in Ordnung
	de kamer	- das Zimmer
	modern	- modern
	hier ver vandaan	- weit weg von hier
	vlak bij	- in der Nähe
	rechtsaf	- nach rechts
	derde	- dritte
	de zijstraat	- die Seitenstraße
	links	- links
	rechtdoor	- geradeaus
	het einde	- das Ende
	linksaf	- nach links
	rechts	- rechts
	daarop	- darauf
	misschien	- vielleicht
	de weg	- der Weg
	het idee	- die Idee

6.	het bier	- das Bier
	het kind	- das Kind
	tevreden	- zufrieden
7.	de garage	- die Werkstatt, die Garage
	de hotelier	- der Hotelier
	de telefoon	- das Telefon
	de monteur	- der Monteur
	vanmiddag	- heute (nach)mittag
	ophalen	- abholen
	na	- nach
	tegenover	- gegenüber
	de doodlopende weg	- die Sackgasse
	de rechterkant	- die rechte Seite
	ik zal	- hier: ich werde
	zullen	- hier: werden
	eens	- einmal
	van ver	- von weitem
	de rekening	- die Rechnung
	betreffen	- betreffen, sich beziehen auf
	de reis- en creditbrief	- der Schutzbrief für Reisen
	verstandig	- klug, vernünftig
	(tot) straks	- (bis) nachher, (bis) gleich
8.	het brood	- das Brot
	onderstreept	- unterstrichen
9.	pakken	- hier: nehmen
	de mens	- der mensch
11.	stedelijk	- städtisch
	het museum	- das Museum
	het stadhuis	- das Rathaus
	het Waaggebouw	- die Waage
	de Sint Laurenskerk	- die Sankt Laurenzkirche
	het Victoriepark	- der Viktoriapark
	de bioscoop	- das Kino
	tweede	- zweite
	doorlopen	- weitergehen

Les 7

	de PTT-post	- die Post
1.	het telefoongesprek	- das Telefongespräch

de oma	- die Oma
in de buurt (van)	- in der Nähe
het postkantoor	- das Postamt
zullen	- hier: wollen
<u>h</u>et vakantieadres	- <u>d</u>ie Urlaubsadresse
met haar verjaardag feliciteren	- zum Geburtstag gratulieren
daar .... om	- hier: darüber
de telefooncel	- die Telefonzelle
het buitenland	- das Ausland
telefoneren	- telefonieren
net zo .... als	- hier: genauso.... wie
eenvoudig	- einfach
het binnenland	- das Inland
<u>h</u>et cijfer	- <u>d</u>ie Ziffer
<u>h</u>et nummer	- <u>d</u>ie Nummer
de Bondsrepubliek	- die Bundesrepublik
de verbinding	- die Verbindung
<u>h</u>et netnummer	- <u>d</u>ie Vorwahl
weglaten	- weglassen
ik wist	- ich wußte
hartelijk gefeliciteerd (met)	- herzlichen Glückwunsch (zu)
op bezoek komen	- zu Besuch kommen
<u>h</u>et bezoek	- <u>d</u>er Besuch
het cadeau	- das Geschenk
2. de jongen	- der Junge
het huis	- das Haus
wit	- weiß
3. mager	- mager
de man	- der Mann
de vakantie	- die Ferien, der Urlaub
<u>d</u>e drop	- <u>d</u>as Lakritz, die Lakritze
4. het regent	- es regnet
regenen	- regnen
de familie	- die Familie/Verwandschaft
schrijft (schrijven)	- schreibt (schreiben)
de brief (brieven)	- der Brief (Briefe)
de ansichtkaart(en)	- die Ansichtskarte(n)
bijna	- beinahe

	al mijn	- meine ganze(n)
	de postzegel(s)	- die Briefmarke(n)
	dat geeft niet	- das macht nichts
	sturen	- schicken
	de loketbediende	- der Schalterbeamte
	het (de) informatieblaadje(s)	- der/die Informationszettel das Informationsblättchen
	het blad	- das Blatt
	het posttarief	- der Posttarif
	de posttarieven	- die Posttarife
5.	de worst	- die Wurst
	zoet	- süß
	het gebouw	- das Gebäude
	elk	- jede(s) (r)
	's morgens	- morgens
	's middags	- mittags, nachmittags
	gewoon	- normaal
	de kilometer	- der Kilometer
6.	posten	- zur Post bringen
	de brievenbus	- der Briefkasten
	er eentje	- einen
	anders	- anders
	meelopen	- mitgehen
	pardon	- entschuldigen Sie, pardon
	volgen	- folgen
	de kruising	- die Kreuzung
	de meter (m)	- das Meter
	iemand	- jemand
	daarom	- deshalb, darum
	inderdaad	- in der Tat, tatsächlich
	opletten	- aufpassen
	de gleuf (gleuven)	- der Einwurf (Einwürfe)
	de streekpost	- die Regionalpost
	de omgeving	- die Umgebung
	de overige bestemmingen	- die sonstigen Bestimmungen
9.	de oefening(en)	- die Übung(en)
	de tuin	- der Garten

11.	op tijd	- rechtzeitig
	de tijd	- die Zeit

Les 8

1.	de vakantieplannen	- die Urlaubspläne
	het plan	- der Plan
	de cursus	- der Kursus
	de volksuniversiteit	- die Volkshochschule
	een beetje	- ein wenig, ein bischen
	het Nederlands	- das Niederländische, die niederländische Sprache
	verstaan	- verstehen
	zin hebben om te	- Lust haben zu
	het strand	- der Strand
	de camping	- der Campingplatz
	de boot	- das Boot
	allemaal	- hier: alles
	de mogelijkheid	- die Möglichkeit
	nodig	- notwendig
	het adres	- die Adresse
	de plaats	- der Ort
	de inlichting(en)	- die Auskunft (Auskünfte)
	verschillend	- unterschiedlich, hier: mehrere
	de leraar	- der Lehrer
	de lerares	- die Lehrerin
	Keulen	- Köln
	het toerisme	- der Tourismus
	bestaan	- bestehen, geben
	er bestaan	- es gibt, besteht
	verzenden	- zusenden, verschicken
	er heen	- dahin
	direct	- sofort, hier: unmittelbar
2.	voor	- hier: vor
	de folder	- das Faltblatt, der Prospekt
3.	de dame(s)	- die Dame(n)
	de heer (heren)	- der Herr (Herren)
	Dames en heren	- Meine Damen und Herren
	het bureau	- das Büro

	ontvangen	- empfangen
	besluiten	- beschließen
	doorbrengen	- verbringen
	wij zouden	- wir würden
	het op prijs stellen	- Wert legen auf, es schätzen
	de kuststreek	- der Küstenbereich
	vooral	- besonders, vor allem
	de watersport	- der Wassersport
	het gezin	- die Familie
	bespreken	- besprechen, absprechen hier: reservieren
	enige	- einige
	organiseren	- organisieren
	de prospectus	- der Prospekt
	het kampeerterrein	- der Campingplatz
	de keuze	- die Wahl
	makkelijk	- leicht, einfach
	de zeilboot	- das Segelschiff
	spoedig	- hier: schnell, baldig
	bij voorbaat	- im voraus
	vriendelijk	- freundlich
	de groet(en)	- der Gruß (Grüße)
4.	plannen	- planen
	echt	- wirklich, echt
	het watersportparadijs	- das Wassersportparadies
	zeilen	- segeln
	surfen	- surfen
	het motorjacht	- die Motorjacht
	rondvaren	- herumfahren
	de surfplank	- das Surfbrett
	zelfs	- sogar
	de schipper	- der Schiffer
	waar	- wahr
	de waddenzwerftocht	- der Streifzug durchs Watt
	dat lijkt me wel wat	- das wäre nicht schlecht
	zwerven	- umherschweifen, wandern
	de wadden	- das Watt
	het schip	- das Schiff

	de eb	- die Ebbe
	droog laten vallen	- trockenfallen lassen
	zeldzaam	- selten
	het dier	- das Tier
	uniek	- einzigartig
	het waddengebied	- das Wattengebiet
	enthousiast	- begeistert
	boeken	- buchen
5.	de verledentijdsvorm(en)	- die Vergangenheitsform(en)
6.	de bel	- die Klingel
	drukken	- drücken
	wonen	- wohnen
	praten over	- sprechen von
	de bediening	- die Bedienung
	de karbonade	- das Kotelett
7.	het weerbericht	- der Wetterbericht
	het hele land	- das ganze Land
	onbewolkt	- unbewölkt
	zonnig	- sonnig
	het noorden	- der Norden
	het oosten	- der Osten
	het zuiden	- der Süden
	het westen	- der Westen
	bewolkt	- bewölkt
	het weer	- das Wetter
	wisselvallig	- wechselhaft
	de periode	- die Periode
	de zonneschijn	- der Sonnenschein
	door	- von
	de regenbui	- der Regenschauer
	afwisselen	- abwechseln
	rond	- rund, etwa, ungefähr, um
	het hogedrukgebied	- das Hochdruckgebiet
	boven	- hier: über
	de lucht	- die Luft
	voeren	- führen
	de temperatuur	- die Temperatur
	de graad	- der Grad

	oplopen	- steigen
	de weersverwachting	- die Wettervorhersage
	warm	- warm
	de wind	- der Wind
	gelden	- gelten
	de waarschuwing	- die Warnung
	de windkracht	- die Windstärke
	gistermiddag	- gestern nachmittag
	zwaar	- schwer, hier: stark
	het slechtweergebied	- das Schlechtwettergebiet
	vormen	- darstellen
	vanaf	- ab
	de bedreiging	- die Bedrohung
	mooi	- schön
8.	beschrijven	- beschreiben
	gebruik maken van	- Gebrauch machen von
	de fantasie	- die Fantasie

Les 9

1.	zeer	- schmerzend, schlimm
	de voet	- der Fuß
	het been	- das Bein
	het bordje	- das Schild
	de huisarts	- der Hausarzt
	de pijn	- der Schmerz
	pijn doen	- weh tun,
	zo'n	- solch ein, solche
	de schelp	- die Muschel
	trappen	- treten
	tamelijk	- ziemlich
	diep	- tief
	de snee	- der Schnitt
	bloeden	- bluten
	het bloed	- das Blut
	behoorlijk	- hier: stark
	binnenkomen	- hereinkommen
	erg	- hier: sehr
	de dokter	- der Arzt
	de wond	- die Wunde

	schoonmaken	- säubern
	desinfecteren	- desinfektieren
	de tanden op elkaar zetten	- die Zähne zusammenbeißen
	branden	- brennen
	(niet) hoeven te	- (nicht) brauchen zu
	de pleister	- das Pflaster
	verdraaid	- verflixt
	in de haast	- in der Eile
	thuis	- zu Hause
	de hoofdzaak	- die Hauptsache
2.	onregelmatig(e)	- unregelmäßig(e)
	de verledentijdsvorm(en)	- die Vergangenheitsform(en)
	de verleden tijd	- die Vergangenheit
4.	de suiker	- der Zucker
5.	de apotheker	- der Apotheker
	klaarstaan	- bereitstehen
	duren	- dauern
	voordat	- bevor
	het drankje	- die Artznei, der (Husten)saft
	ziek zijn	- krank sein
	last hebben van (de) keel	- Halsbeschwerden haben
	de honingdrop	- die Honiglakritze
	de pil	- die Pille
	afgeven	- abgeben
	de aspirine	- das Aspirin
	het doosje	- die Schachtel
6.	de ontkenning	- die Verneinung
7.	slapen	- schlafen
	de zieke	- der Kranke
8.	het echtpaar	- das Ehepaar
9.	het menselijk lichaam	- der menschliche Körper
	het hoofd	- der Kopf
	de arm	- der Arm
	de vinger	- der Finger
	de buik	- der Bauch
	de rug	- der Rücken
	het oog	- das Auge
	het oor	- das Ohr

	de neus	- die Nase
	de mond	- der Mund
	de knie	- das Knie
	de hand	- die Hand
	de teen	- die Zehe

Les 10

1.	de bungalow	- der Bungalow
	er zijn	- es gibt
	meer dan	- mehr als
	minder dan	- weniger als
	het bungalowpark	- der Bungalowpark
	vroeg	- früh
	volgeboekt zijn	- ausgebucht sein
	horen	- hören
	dichtbij	- nahe bei
	de verhuurder	- der Vermieter
	opbellen	- anrufen
	opgeven	- aufgeben
	de wens	- der Wunsch
	wensen	- wünschen
	de slaapkamer	- das Schlafzimmer
	desnoods	- notfalls
	de wasmachine	- die Waschmaschine
	de douche	- die Dusche, die Brause
	de keuken	- die Küche
	gelijk hebben	- recht haben
	uitgeven	- ausgeben
	op die manier	- auf diese Weise
	verbeteren	- verbessern
2.	zich informeren	- sich erkundigen
3.	de fietsvakantie	- die Fahrradferien
	inrichten	- einrichten
	de gast	- der Gast
	de huur	- die Miete
	van te voren	- zuvor
	etc.	- usw.
	mogelijk zijn	- möglich sein
	de polder	- der Polder

het duin	- die Düne
rondom	- ringsumher
zich lenen voor	- sich eignen für
uitstekend	- ausgezeichnet
de fietstocht	- die Radtour
de verrassing	- die Überraschung
ten	- zu
het zuid-oosten	- der Südosten
zich uitstrekken	- sich ausdehnen
immers	- ja
oud	- alt
terwijl	- während
het duingebied	- das Dünengebiet
intiem	- intim
de badplaats	- der Badeort
het programma	- das Programm
waarin	- worin
de regio	- die Region
kennen leren	- kennenlernen
overhouden	- übrighalten
historisch	- historisch
bezoeken	- besuchen
de geldigheidsduur	- die Gültigkeitsdauer
de arrangementsduur	- die Arrangementsdauer
de aankomst	- die Ankunft
de accomodatie	- die Einrichtung
het toilet	- die Toilette
het twee sterren hotel	- das zwei Sterne-Hotel
de verzorging	- die Versorgung, die Pflege
halfpension	- Halbpension
de dagafstand	- die Tagesstrecke
de korting	- der Rabatt
mits	- vorausgesetzt daß
de volwassene	- der Erwachsene
inclusief	- einschließlich
de routebeschrijving	- die Streckenbeschreibung
de fietshuur	- die Fahrradmiete
de toegangskaart	- die Eintrittskarte

	het informatiepakket	- das Informationspaket
	de toeslag	- der Zuschlag
	de eenpersoonskamer	- das Einzelzimmer
	p.p.p.n. (per persoon per nacht)	- pro Person / Nacht
	eigen	- eigen
4.	groetjes	- Grüße
	best(e)	- liebe(r)
	de berg	- der Berg
	fantastisch	- fantastisch
	bouwen	- bauen
	het zandkasteel	- die Sandburg
	verzamelen	- sammeln
	de wandeling	- der Spaziergang
	waarbij	- wobei
	gek	- hier: sonderbar, verrückt
	aanspoelen	- anschwemmen
	de vuurtoren	- der Leuchtturm
	de visser	- der Fischer
	de vis	- der Fisch
	de haven	- der Hafen
	meestal	- meistens
	lui	- faul
	de zon	- die Sonne
	zwemmen	- schwimmen, baden
	de golf	- die Welle
	soms	- manchmal
	voor de gek houden	- zum Narren halten
	de zeeslang	- die Seeschlange
	uitlachen	- auslachen
	verzinnen	- erfinden, ausdenken
	de zeepaling	- der Seeaal
	de worm	- der Wurm
	stoppen met	- aufhören mit
5.	de dagboeknotitie	- die Tagebuchaufzeichnung
7.	later	- später
	wijzen	- zeigen
8.	kamperen	- zelten

rondkijken - sich umsehen
de tent - das Zelt
het tentje - das kleine Zelt
opzetten - aufbauen
bovendien - außerdem
klein - klein
nieuwsgierig - neugierig
redden - hier: schaffen
uitpakken - auspacken
alsjeblieft - bitte
de tentstok - die Zeltstange
de haring - der Hering
de handleiding - die Anleitung
de andere kant - die andere Seite
de grond - der Boden
slaan - schlagen
ontbreken - fehlen
het bos - der Wald
onder - unter
de boom - der Baum
prachtig - prächtig, prachtvoll
het kopje - die Tasse
de koffie - der Kaffee
de primus - der Campingkocher
de plas - die Pfütze
impregneren - imprägnieren
hopen - hoffen
schijnen - scheinen
9. beleven - erleben
11. gauw - bald

ALFABETISCHE WOORDENLIJST LES 1 - LES 10

Die Angaben hinter den Stichwörtern verweisen auf das erstmalige Vorkommen eines Wortes.

z.B.: allemaal; dag * 1-1 = Lektion 1, Übung 1

* ersetzt ein Stichwort, das in Zusammenhang mit anderen Wörtern wiederholt genannt wird.

A

aan 2-10
aanbevelen 3-3
aanbieding, de 3-9
aankomst, de 10-3
aanleiding; naar * 8-3
aanspoelen 10-4
aansteker, de 5-4
aanvullen 4-10
aanwijzen 4-10
aardappel(s),de 3-3
aardappeltjes;
de gebakken * 4-4
aardbei, de 3-3
accomodatie, de 10-3
acht 1-6
achter 2-10
activiteit, de 6-1
adres, het 7-1
afgeven 9-5
afgieten 4-12
afmaken 3-2
afronden 3-7
afscheid, het 1-11
afslaan 6-4
Afsluitdijk, de 6-1
afsluiten 2-14
afwisselen 8-7
al 4-1
al mijn 7-4
algemeen 6-1
allebei 4-4
alleen maar 2-13
alleen nog 3-7
allemaal (alles) 8-1
allemaal; dag * 1-1
alles 3-1
als (als) 4-4
als (wenn) 3-9
alsjeblieft 10-8
alstublieft 2-13
altijd 3-3
andere kant, de 10-8
anderhalf 4-12
anders (sonst) 3-9
anders anders) 7-6
anders; * iets 3-3
ansichtkaart, de 7-4
antwoord, het 4-5
ANWB, de 6-1
apart 4-12
aperitief, het 4-4
apotheker, de 9-5
appel, de 3-3
april 5-7
arm, de 9-9
arrangementsduur, de 10-3
artikel, het 3-1
Artis 5-5
aspirine, de 9-5

L

P